Korfu

Klaus Bötig

Inhalt

Das Beste zu Beginn
S. 4

Das ist Korfu
S. 6

Korfu in Zahlen
S. 8

So schmeckt Korfu
S. 10

 Ihr Korfu-Kompass
15 Wege zum direkten Eintauchen in das Inselleben
S. 12

Kérkira und Umgebung
S. 15

Kérkira S. 16

 1 Hallo, Welt! –
die Esplanade
S. 20

 2 Besuch beim Inselheiligen
– **Ágios Spirídonos**
S. 24

 3 Auszeit im Park –
Mon Repos
S. 26

 4 Himmlische Sphären –
Byzantinisches Museum
S. 30

 5 Anders einkaufen –
Made in Corfu
S. 38

 6 Unbekannter Nachbar –
Ausflug nach Albanien
S. 44

 7 Kaiserliche Träume –
das Achíllion
S. 50

Dassía S. 52

Korfus Norden
S. 55

Kassiópi S. 56

Acharávi und Róda S. 60

 8 Wie auf der Alm –
Paléo Períthia
S. 64

Sidári S. 67

 9 Reif für die Insel? –
Ausflug nach Eríkoussa
S. 68

 10 Ein Dorf für alle Fälle –
Afiónas
S. 72

Paleokastrítsa S. 74

 11 Mit Liebe und Leidenschaft –
Shopping bei Paleokastrítsa
S. 80

Korfus Süden
S. 83

Pélekas S. 84

 Romantik adé – **Museum in Sinarádes**
S. 88

Ágios Górdis S. 90

Messongí-Moraítika S. 93

 Von der Olive zum Öl – **Vraganiótika**
S. 96

Ágios Geórgios Argirádon S. 100

Lefkími S. 101

 Salz und Flamingos – **Alikés**
S. 104

 Korfus größte Schwester – **Páxos**
S. 106

Hin & weg
S. 108

O-Ton Korfu
S. 114

Register
S. 115

Abbildungsnachweis, Impressum
S. 119

Kennen Sie die?
S. 120

Das Beste zu Beginn

Sei Dein eigener Korfu-Guide
Alles einfach, alles sicher. Gelassene Menschen, nirgendwo Hektik. Genug Wegweiser, preiswerte Linienbusse in jeden Winkel. Quartiere nach Maß, Essen und Trinken rund um die Uhr. Strände en masse, üppiges Grün. Was will man mehr?

Wie auf der Achterbahn
Gerade gibt's (fast) nicht. Auf Korfus Straßen werden stumpfe Autobahnfahrer zu drehfreudigen Kurvenweltmeistern beim Auf und Ab mit wechselnder Aussicht. Schwindelerregend: die ›Korkenzieherstraße‹ von Anó Korakiána nach Sokráki; überwiegend einspurig, mutig in eine fast senkrechte Felswand gesprengt.

So grün! So weiß! So golden!
An Korfus Küsten reicht das Grün von Blüten und Bäumen mal bis unmittelbar ans Meer heran. Mal reihen sich – wie im Norden und Osten – goldene Strandbänder gerade oder oft fotogen gekrümmt am Ufer. Und dann sind da die grandiosen Steilküsten, fast so weiß wie die berühmten Klippen von Dover. Auch da kann man baden. Meine Lieblingsklippen: die vom Canal d'Amour bei Sidári bis zum Kap Drástis.

Die schöne Stadt
Kérkiras Altstadt. Auf drei Seiten von Meer umgeben. Autofrei. Katzen überall, Cafés und Lokale fast ebenso viele. Wäsche an Leinen zwischen den Häusern gespannt. Abblätternde Fassaden, über allem ein Hauch von Nostalgie. Besonders schön am Abend. Zu jeder Jahreszeit ein Genuss!

Bei Tom
Viele Korfioten haben ein Elefantengedächtnis. Als ich zum ersten Mal im By Tom (▶ S. 38) war, hat er mir Tresterschnaps kredenzt. Der war so gut, ich habe gleich zwei Gläschen getrunken. Immer, wenn ich Tom wieder besuche, holt er als erstes die Flasche heraus. Auch wenn's am frühen Morgen ist.

Ein anderes Griechenland
Unser Griechenlandbild wird von Inseln in der Ägäis geprägt. Weiße Häuserkuben mit Flachdächern, Kirchlein mit blauer Kuppel vor glitzerndem Meer. Inzwischen unverschämt teure Idylle à la Mykonos und Santorin. Auf Korfu gibt es nichts davon, stattdessen teils von schattigen Arkaden gesäumte Gassen, frei stehende und hoch aufragende Campanile wie in Italien, pastellfarbene Fassaden und rote Dachziegel. Korfu sprengt die Klischees.

Korfiotischer Kaffee
Frühstück im Kloster. Die Nonnen haben mich eingeladen. Sie singen, sie kauen. Und gießen sich ein Tröpfchen Ouzo in ihren griechischen Kaffee. In Dorf-Kaffeehäusern machen es manche Gäste genauso. Anderswo in Hellas habe ich das niemals gesehen!

Gewitter im Anzug?
Am schönsten sind Gewitterlagen an der Ostküste bei Sonnenuntergang. Erst sind die Wolken violett, dann das Meer. Blitze zucken überm Gebirge auf dem Festland, Donner mischt sich unter chillige Musik im Beach Club. In dem hält man's auch aus, bis der Wolkenbruch vorbei ist.

Der Obstverkäufer
Ein ambulanter Obstverkäufer steht am Straßenrand. »Deine Trauben sind aber teuer!« »Kaufst du etwas, weil es billig oder weil es gut ist?« »Dann nehme ich die Schale, gib sie mir bitte!«. Ging zu schnell. Das Schlitzohr, die schlechten Trauben lagen unten ...

›Man sieht mehr, wenn man sitzt‹, ist mein Motto. ›Man lernt nur, wenn man zuhört‹ gilt auch. Für beides bietet Korfu ideale Bedingungen: Myriaden von Cafés und Tavernen, offenherzige, gesprächsfreudige Menschen. Da fällt das Recherchieren leicht.

Fragen? Erfahrungen? Ideen?
Ich freue mich auf Post.

Mein Postfach bei DuMont:
k.boetig@dumontreise.de

Das ist Korfu

Schon beim Landeanflug wird eins ganz deutlich: Korfu ist schön! Die Insel wirkt aus der Luft wie ein dichter grüner Teppich, in den immer wieder kleine, alte Dörfer eingewoben sind. Die Bordüre der Insel bilden helle Sandsteinklippen und steil abfallende Felswände, kilometerlange Sandstrände und versteckte Buchten. Oft reichen Olivenhaine bis unmittelbar ans Waser heran, zwischen deren silbrig-grün in der Sonne schimmernden Blättern zahllose schlanke Zypressen dunkelgrün und nadelgleich in den meist blauen Himmel ragen.

Insel voller Lebenskraft
Anders als viele griechische Inseln in der Ägäis lebt Korfu nicht fast ausschließlich vom Fremdenverkehr. Die Insel ist wasserreich und fruchtbar. Zwar erwecken die vielen Millionen Olivenbäume den Eindruck einer Monokultur. Später entdeckt man aber auch kleine Gemüsebeete und Obstgärten, Hartweizenfelder und Rebgärten. Auf den Landstraßen muss man immer noch gelegentlich freilaufenden Hühnern, Schafen und Ziegen Vortritt gewähren.

Landwirtschaft und Tourismus ergänzen sich gut. Zwischen Mai und September locken die vielen guten Strände und Wassersportmöglichkeiten alljährlich über zwei Millionen Urlauber auf die Insel, schaffen Saisonarbeitsplätze in der Stadt und auf dem Land. Die Arbeit in den Olivenhainen beginnt dann im Oktober, wenn die letzten Touristen abgereist sind. Der Boden unter den Bäumen muss gesäubert, die schwarzen und knallroten Kunststoffnetze müssen ausgelegt werden. Wenn Äste über Straßen ragen, werden sogar Asphaltbänder mit Netzen überspannt. Da hinein fallen zwischen November und Februar die zunächst grünen, dann schwarz werdenden Oliven. Man sammelt sie auf und bringt sie in eine der zahlreichen privaten oder genossenschaftlichen Olivenölpressen.

Attraktive Stadt
Die Stadt Kérkira ist mit ihrem kulturellen Leben und erstaunlich großen Unterhaltungsangebot auch für die einheimische Jugend attraktiv. Es gibt seit 1984 sogar eine Universität. Daher bleiben die meisten jungen Korfioten auf ihrer Insel, wandern nicht aufs Festland oder gar ins Ausland ab. Korfus Einwohnerzahl kletterte in den letzten 25 Jahren sogar noch um fünf Prozent nach oben, während sie auf vielen anderen griechischen Inseln rapide abnimmt. So haben Sie hier als Reisende viel mehr als auf manch weitaus berühmterer Insel in der Ägäis die Möglichkeit, unverfälschtes junges griechisches Leben kennenzulernen, das nicht am Saisonende wie eine große Seifenblase zerplatzt.

Dörfer in Pastell
Deutliche Spuren hat die venezianische Zeit (1386–1797) mit ihren Burgen und Campanili hinterlassen. In der Dorfarchitektur fallen die alten Landhäuser mit weit heruntergezogenen, ziegelgedeckten Vordächern sowie außen vor-

Das ist Korfu

Leinen los! In Paleokastritsa stechen Freizeitkapitäne in See, auf Expeditionstour zur ultimativen Strandbucht.

gebauten Treppenpodesten ins Auge. Typisch für die alten Dörfer sind auch die überwölbten Passagen und vor allem die zarten Pastellfarben vieler Häuser. Die weißen Kuben der Ägäis sucht man auf Korfu vergeblich.

Wann und wohin genau?

Die Inselmetropole ist ein Reiseziel fürs ganze Jahr. Auf der übrigen Insel schließen fast alle Hotels und viele Tavernen den Winter über. Ein besonderes Bonbon für regenfreie Winterstunden sind die klare Luft und die grandiose Fernsicht hinüber aufs Festland, wo die Hochgebirge meist von November bis April mit Schnee bedeckt sind. Schon ab Februar wird's bunt. Dann sind die Felder und Wiesen mit Kyklamen übersät. Klatschmohn, Asfodelien, Glyzinien, Oleander und Bougainvilleen folgen auf dem Fuße. Selbst der Herbst bringt noch Farbe ins Spiel: Im September blühen die Yucca-Palmen, kurz darauf windet sich an verdörrten Hängen die Meerzwiebel himmelwärts. Im November trägt der Erdbeerbaum seine gelben und roten Früchte und Blüten zugleich.

Zwischen Mai und Anfang Oktober sind die Badehotels rund um die Insel geöffnet. Der Norden ist sicherlich die landschaftlich abwechslungsreichere und spannendere Inselhälfte, doch auch der Süden geizt nicht mit Reizen: sanftes Hügelland, sogar einen See und auch hier grün-silbrige Olivenwälder. Und dann sind da ja noch die vielen Ausflugsziele drumherum: bewohnte Inseln wie Páxos und Eríkoussa oder das ›exotische‹ Albanien. Im Land der Skipetaren erleben Sie hautnah, warum Korfu so anders ist als die meisten griechischen Inseln: Es fiel nie in osmanische Hände, wurde nie wie fast das gesamte übrige Hellas von Konstantinopel aus regiert. Architektur, Kultur und Natur der Insel können die starke Prägung Venedigs nicht verleugnen, das die Insel ein halbes Jahrtausend lang beherrschte.

Korfu in Zahlen

2
km trennen an der schmalsten Stelle Albanien von Korfu.

5
Prozent wuchs die Zahl der Einwohner auf Korfu in den letzten 25 Jahren.

007
wird im Bond-Film »In tödlicher Mission« von Roger Moore verkörpert – gedreht wurde 1980 auf Korfu.

24
Prozent beträgt die Mehrwertsteuer auf nahezu alles.

27
km ist die Insel maximal breit.

50
Kriegsschiffe schickten die Korfioten zur Seeschlacht von Sálamis – und kamen zu spät.

60
Dörfer zählt die ganze Insel.

63
km misst die Insel in der Länge.

69
lauten die Anfangsziffern jeder griechischen Handynummer.

592
km² ist Korfu groß, die zweitgrößte Ionische Insel und siebtgrößte Griechenlands.

700
km in etwa trennen Korfu von Kleinasiens Küsten und den Bootsflüchtlingen.

734
Jahre v. Chr. gründeten griechische Siedler die Stadt Kérkyra.

906
m reckt sich der Pantokrátoras in die Höhe.

1864
durfte sich Korfu mit dem befreiten Griechenland vereinen.

2375
m ist die Flughafenpiste kurz.

50 000 000
verkaufte Tonträger brachten der auf Korfu geborenen Sängerin Vicky Leandros schon 2009 einen Platin Award ein.

2 600 000 Menschen verwirklichten 2018 Urlaubsträume auf Korfu!

So schmeckt Korfu

Ein Urlaub auf Korfu kann zur kulinarischen Entdeckungsreise werden, wenn Sie sich von der Vorstellung lösen, dass die griechische Küche nur aus Moussaká, Souvláki, Gyros und Bauernsalat besteht. Gerade die ungewöhnlichen Gerichte, deren Übersetzung Wirten oft schwer fällt, sind meist die eigentlichen Spezialitäten. Ordern Sie *chórta* statt Tomaten, Gurken und Oliven als Salat und lassen Sie sich einmal ein Schweinekotelett kommen. Das ist nicht spießig deutsch, sondern ein korfiotischer Hochgenuss, wenn man den Fettrand zu schätzen weiß!

Zweierlei Frühstück

Den meisten Korfioten genügen ein Tässchen Mokka, einige Zwiebacke, ein Glas Wasser und eine Zigarette als erstes Morgenmahl. Im Laufe des Vormittags holt man sich dann noch eine mit Spinat, Käse oder Wiener Würstchen gefüllte Blätterteigtasche. In allen Hotels freilich wird ein Frühstücksbuffet aufgebaut. Wo viele Briten Urlaub machen – und das ist auf Korfu fast überall – wird in Cafés und Bars auch ein ordentliches englisches Frühstück zum günstigen Preis serviert.

Die Paréa zählt

Für Korfioten ist das Essengehen vor allem ein soziales Ereignis. Traute Zweisamkeit wird selten gesucht, man verabredet sich mit Freunden und Bekannten. Diese *paréa* wird dann zur echten Tischgemeinschaft. Keiner bestellt für sich allein. Aus der Gruppe kommen Vorschläge, die Bedienung stellt alles Gewünschte in die Mitte des Tisches. Eine bestimmte Reihenfolge wird dabei nicht eingehalten. Was in der Küche fertig ist, wird gebracht. Jeder nimmt, wovon und wieviel er mag. Traditionell bezahlte immer einer für alle, denn man sieht sich ja bald schon wieder. In diesen Krisenzeiten wird die Rechnung aber auch häufig geteilt. Wollen Sie getrennt bezahlen, geben Sie das bitte schon bei der Bestellung an.

Mezedákia bestellen

Mezedákia nennt der Korfiote die Vielzahl von verschiedenen Gerichten, die in der Tischmitte stehen. Meist sind die Portionen relativ klein, gut so, dann kann man möglichst viel probieren. Typische *mezedákia* sind z. B. Tzazíki, Dolmádes, gebratene Landwurst, kleine

---

WASSER

Wasser ist Lebenselixier, Allgemeingut. Im guten Café und Restaurant kommt es ungefragt als erstes auf den Tisch. Erst danach wird die Bestellung aufgenommen. So beweist der Wirt dem Gast gegenüber seinen Respekt. Oft ist das Wasser im Getränkepreis inbegriffen. Wenn es in einer Flasche auf den Tisch kommt, wird es manchmal auch in Rechnung gestellt, dann aber zum sozialverträglichen Preis von maximal 50 Cent. Was man nicht austrinkt, kann man getrost mitnehmen.

So schmeckt Korfu

ÜBRIGENS

Essenszeiten: Die Griechen schätzen die Freiheit. Darum sind feste Zeiten für ›warme Küche‹ außer in sehr touristischen Restaurants unbekannt. Von spätestens morgens um 11 Uhr bis um Mitternacht wird serviert, was der Gast wünscht. Die Korfioten gehen meist zwischen 13 und 15 Uhr zum Mittagessen, treffen sich abends nicht vor 20 Uhr im Winter und 21 Uhr im Sommer zum Abendmahl.

Tischkultur: Fein eingedeckte Tische bieten nur wenige Restaurants. Meist liegt eine Stoffdecke auf dem Tisch. Nehmen Gäste daran Platz, legt die Bedienung eine auf der Unterseite mit Folie beschichtete Einmal-Papiertischdecke darüber und klammert sie fest. Hat der Gast bestellt, kommen Brot, Servietten und Besteck in einem Korb. Statt Steakmessern schmuggelt sich da durchaus auch mal ein Obstmesser fürs Kotelett dazu. Für jeden Gast gibt es nur einmal Messer und Gabel, die für alle Gerichte benutzt werden. Wer eine bestimmte Reihenfolge der Gerichte wünscht, muss das ausdrücklich betonen, sonst kommt alles nach Ermessen des Kellners.

Rechnung und Trinkgeld: Das Finanzamt verlangt, dass der Kassenbon schon auf dem Tisch liegt, wenn die ersten Teller serviert werden. Soviel zur Theorie. Kaum ein Wirt hält sich dran. Manche bringen den Kassenbon nie, sondern erstellen eine steuersparende Rechnung per Hand. Trinkgeld ist üblich, man kündet es nicht schon vorab an oder drückt es der Bedienung in die Hand. Der Respekt vor dem Gegenüber verlangt, es beim Weggehen diskret auf dem Tisch liegen zu lassen.

TYPISCH KORFIOTISCH!

Bourdétto: Fischeintopf mit viel roter, leicht scharfer Sauce. Im Idealfall wählt der Gast den Fisch aus: grätenfreien Glatthai *(galéos)*, grätenreichen Skorpionsfisch *(skórpios)* oder wie eine Scholle gut zu essenden Stachelrochen *(saláchi)*.
Chórta: Salat aus gekochten Huflattich-, Brennnessel- und/oder Mangoldblättern
Pastisáda: Nudelgericht, meist mit Hahn *(kokkorás)* und leicht scharfer roter Sauce
Sofríto: in Weißwein geschmorte, mehr oder minder mit Knoblauch gewürzte Rindfleischscheiben
Tsigarélli: Salat aus bis zu sieben wild wachsenden Grünpflanzen, die recht scharf in Olivenöl gegart werden. Steht nur noch selten auf der Karte.

gebratene Fische, frittierte Zucchini- und Auberginenscheiben und ein paar Lammkoteletts oder Schnecken. Einige Teller Pommes frites und ein Salat gehören auf jeden Fall auf den Tisch.

Gegen den Durst

Tzizimbíra ist eine nur auf Korfu produzierte Limonade mit Zitronensaft, einem Hauch Ingwer und garantiert keinen Konservierungsstoffen. Traditionell ist dieses ›Ginger Beer‹ alkoholfrei; neuerdings wird es in der Brauerei Korfus aber auch mit 2 % Alkoholgehalt hergestellt. Die Brauerei braut insgesamt sechs verschiedene Biersorten, darunter auch ein Weizen.

Ihr Korfu-Kompass

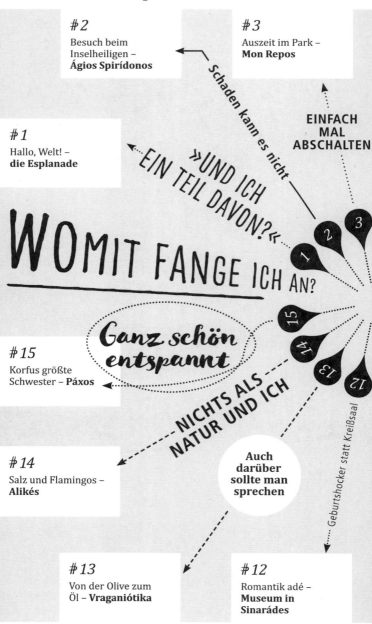

15 Wege zum direkten Eintauchen in das Inselleben

Kérkira und Umgebung

Korfus Metropole Kérkira ist eine wahre Schönheit. Das Meer ist allgegenwärtig, grüne Hügel zeichnen den Horizont und stoßen in der Ferne auf einen fast 1000 m hohen Gipfel, den ›Allesbeherrscher‹. ›Lieblich‹ ist das passende Etikett für die Umgebung, ›absolut urban‹ das für die Stadt. Kleine und große Plätze laden immer wieder zum Bleiben ein, viele Läden unter schattigen Arkaden zum Schauen und Stöbern.

Kérkira

E 5, Cityplan S. 18/19

Kérkiras Häuserfront am Ionischen Meer folgt jeder Krümmung der Uferlinie. Der Blick des Flanierenden verliert sich hier nie in der Weite des Meeres, sondern findet immer wieder Halt in den Hochgebirgen des gegenüberliegenden Festlands. Dazwischen kreuzen Jachten, Fähren, Fischerboote und Ozeanriesen, ziehen an den Beach Bars so dicht vorüber, dass das Wasser die Füße der Gäste kitzelt. Zwei venezianische Burgen wachen über die vielgeschossigen Häuser der Altstadt, in deren Gassen die Wäsche zwischen den Fenstern flattert. Marmorgepflastert kommen die historischen Hauptstraßen daher, die stattlichste aller Arkaden ist Cafés vorbehalten, deren Zahl im Verhältnis zur Zahl der Einwohner, nun, sagen wir mal, üppig ist.

WAS TUN IN KÉRKIRA?

Back to the roots

Leider stimmt's wohl – der Krieg ist der Vater fast aller Dinge. So liegen denn auch die Anfänge der heutigen Stadt in einer Burg, der **Alten Festung** 1 (Zugang von der Esplanade aus, tgl. 9–16 Uhr, 6 €, Kombi-Ticket möglich). Innerhalb ihrer Mauern drängten sich bis zum 16. Jh. die Häuser der mittelalterlichen Stadt. Der dann angelegte Wassergraben Contrafossa macht das vorgelagerte Stück Land mit zwei Felsgipfeln zur Insel. Im Wasser sind heute die Boote von Freizeitfischern vertäut, die wie Kleingärtner schöne Stunden als Kulturflüchtlinge in ihren primitiven Schuppen am Ufer verbringen.
Gleich hinter der Brücke über den Graben erwartet Sie hingegen Kultur: Rechts eine sehr kleine Ausstellung mit frühchristlichen Mosaiken, links im staatlichen Museumsladen altes Kulturgut in Kopien zum Mit-nach-Hausenehmen. Kurz darauf müssen Sie sich zwischen links und rechts entscheiden. Mir ist links lieber. Da erwartet Sie zunächst Musikgenuss oder -verdruss: In einer der alten britischen Kasernen üben die Studenten der staatlichen Musikhochschule. Neben diesem ›Odeon‹ führt ein Weg hinauf zum südlichen der beiden Felsgipfel und von dort wieder hinab zur anderen Seite der Festung. Da haben die Briten heidnische und anglikanische Kultur miteinander kombiniert: Ihre Kirche Ágios Geórgios sieht aus wie ein völlig intakter antiker Tempel.
Ihn haben Sie auch vor Augen, wenn Sie sich auf der schattigen Terrasse des Café-Bar-Restaurants Old Fortress (tgl. 8–2 Uhr, T 26610 422 79, www.corfuoldfortress.com) niederlassen, das auch außerhalb der offiziellen Öffnungszeiten der Burg zugänglich ist.

Rund um die Esplanade

Der Burg entronnen gehen Sie auf die Esplanade, an Fiakern vorbei, die hier auf zahlungskräftige Romantiker warten. Halten Sie sich in der Mitte links, stehen Sie sogleich am **Énosis-Denkmal** 2, das an den Anschluss Korfus und aller Ionischen Inseln ans schon freie Griechenland am 21. Mai 1864 erinnert. Schlendern Sie weiter durch die schöne Grünanlage, passieren Sie einen Konzertpavillon (Korfu ist in Musik vernarrt!) und kommen zu einem Rundtempelchen, der **Maitland-Rotonda** 3. Da hat sich wieder einmal ein antikenbegeisterter britischer Lord High Commissioner ein Denkmal gesetzt. Immerhin, dieser Sir Thomas Maitland (1760–1824) hat der Stadt zu Beginn

---

> **MUSIK**
>
> Ganzjährig spielt im **Café Old Fortress** die Musik. Achten Sie auf die Aushänge zu den Events oder checken Sie die Homepage www.corfuoldfortress.com.

des 19. Jh. erstmals eine moderne Wasserversorgung gewährleistet. So steht die Rotonda denn auch über einem unterirdischen Wasserspeicher.
Im **Café Europa** 4 an der Mittelachse der Esplanade lässt sich gut eine Pause einlegen. Gestärkt können Sie danach die andere Hälfte der Esplanade umrunden.

Altstadtbummel, 1. Teil: Von der Esplanade zum Neuen Fort

Das Café Europa ist auch Ausgangspunkt für einen Altstadtbummel. Hier beginnt die marmorgepflasterte, von Arkaden gesäumte Odós N. Theotóki. An der Straße wird kräftig für die **Casa Parlante** 23 (▶ S. 34) geworben. Wenn Sie Spaß an Rollenspielen haben, gehen Sie unbedingt hinein!
Geld, Geld, Geld – klingt gut? Dann vielleicht im **Banknoten-Museum der Ionian Bank** 5 (Platía Iróon Kipriakoú Agónos, April–Sept. Mi, Fr 9–14 und 17.30–20.30 Uhr, Do 9–15 Uhr, Sa/So 8.30–15 Uhr, Eintritt frei) einen Blick auf griechische Drachmen-Banknoten und Besatzungsgeld werfen. Dass man statt dem Mammon – oder zusätzlich – auch einem Heiligen huldigen kann, erleben Sie gleich nebenan in der Kirche **Ágios Spirídonos** 6 ganz intensiv. Euros ausgeben können Sie dann bestens auf den nächsten 200 Metern. Hier ein Shop, da ein Shop – entlang der Odós N. Theotóki werden Sie sicherlich fündig. Nachdem die Straße einen deutlichen Rechtsschwenk genommen hat, führt links die Odós Solomoú auf einen kleinen Platz, die Platía Néo Froúrio. Zwischen den Sonnenschirmen der Cafés mahnt das **Holocaust-Denkmal** 7 daran, deutsche Gewalttaten nicht zu vergessen. Es zeigt eine Familie, völlig nackt, kurz vor ihrer Vergasung. Deutsche Truppen transportierten 1944 etwa 1900 korfiotische Juden nach Auschwitz und Buchenwald; nur 180 von ihnen überlebten.
Vorbei an der fotogenen, aber stets verschlossenen Kirche Panagía Télendos klettern Sie über Stufen hinauf zum Eingang des **Neuen Fort** 8 (tgl. 9–15.30 Uhr, Eintritt frei). Manchmal finden in der Festung aus dem 16. Jh. Kunstaustellungen statt, immer ist der Rundumblick gut. Und mit dem kleinen Café ganz oben beweisen die Korfioten wieder einmal, wovon sie besonders viel verstehen: moderne Kaffeehauskultur!

Blick vom Neuen Fort aufs Alte Fort – und dazwischen die venezianische Altstadt. Erkennen Sie den Campanile der Kirche des hl. Spiridonas, der aus dem Häusermeer ragt?

KÉRKIRA

Sehenswert
1. Alte Festung
2. Énosis-Denkmal
3. Maitland-Rotonda
4. Café Europa
5. Banknoten-Museum
6. Ágios Spirídonos
7. Holocaust-Denkmal
8. Neues Fort
9. Scuola Greca
10. Alter Hafen
11. Faliráki
12. Cambiéllo-Viertel
13. Vídos-Anleger
14. Hallenkirche
15. Kanóni
16. Pontikonissi
17. Vlachérna
18. Windmühle
19. Ágii Iasónos und Sossípatros
20. Archäologisches Museum
21. Alter Palast und Museum der Asiatischen Kunst
22. Byzantinisches Museum
23. Casa Parlante

In fremden Betten
1. Bella Venezia
2. Cavalieri
3. Konstantinoupolis
4. Mayor Mon Repos Palace Art Hotel
5. Siorra Vittoria

Satt & glücklich
1. Bellissimo
2. Ektós Skedíou
3. La Cucina
4. O Rouvas
5. Rex
6. To Aláto-Pípero
7. Venetian Well
8. Kulturcafé Plous

Stöbern & entdecken
1. Destillerie Vassilákis & Sons
2. By Tom
3. Albatros
4. Patisserie Susi
5. Kai to ploío févgei
6. Wochenmarkt
7. Seifenfabrik Patoúnis

Wenn die Nacht beginnt
1. ArtHaus Café Wine Bar
2. La Tabernita
3. Imabári Seaside Lounge Bar

Sport & Aktivitäten
1. Strandbad Faliráki
2. Strandbad Mon Repos
3. Kutschfahrten

Hallo, Welt! – die Esplanade

Rund um den größten Platz der Stadt wird es besonders augenfällig: Multikulti war in Kérkira schon immer angesagt. Seit 200 Jahren haben sich hier Franzosen und Briten mit teils recht verschrobenen Ideen ausgetobt. Das Ergebnis anzuschauen macht Spaß, besonders bei einem italienischen Freddo Cappuccino!

Vor dem Rundgang um die Esplanade ist ein Freddo Cappuccino im historischen **Café Europa** 4 für mich ein Muss. Dort mündet auch die marmorgepflasterte Haupteinkaufsgasse N. Theotóki auf den Platz. Am Eckpfeiler der Hauswand überm Café sprießt ein Feigenbäumchen da aus dem Mauerwerk, wo das Regenrohr endet und für gute Bewässerung sorgt. Kein Viertelstündchen vergeht, ohne dass ambulante Schwarzafrikaner Selfie-Sticks feilbieten, Romakinder einen Krumen abhaben möchten vom Wohlstand der Sesshaften. Das korfiotische Bürgertum sitzt unter schattigen Arkaden, die an Paris erinnern – ihr Bauherr war Baron Mathieu de Lesseps, französischer Gouverneur auf Korfu im Jahre 1807 und Vater des späteren Suezkanal-Erbauers Ferdinand.

Der italienisch inspirierte Kaffee ist ausgetrunken, an den Arkaden entlang geht es nun ans

Auf der Esplanade draußen zu sitzen bis in den frühen Morgen hinein – das ist der Süden, das ist Sommer!

nördliche Ende der Esplanade. Das wird vom **Alten Palast** 21 dominiert, den sich der britische Lord High Commissioner 1816–23 erbauen ließ. Das Baumaterial dafür schifften die Briten von einer anderen Mittelmeerinsel herüber – aus Malta. 2000 maltesische Arbeiter brachten sie auch gleich mit, aber nie wieder nach Hause. Ihre Nachkommen bilden den ansonsten völlig gräzisierten Kern der römisch-katholischen Gemeinde der Insel. Den Durchschnittsgriechen ihrer Zeit trauten die Briten offenbar wenig zu – umso mehr schwärmten sie von den Hellenen des Altertums. Also krönten sie die Palastfassade mit wappenartigen Allegorien der Ionischen Inseln, die alle einen Bezug zur Antike haben.

Pause gefällig? Dann nehmen Sie im Boschetto auf einer ungewöhnlichen Sitzgruppe Platz: Tisch und Hocker sind aus einer wegen Elefantenrüsselbefalls gefällten Palme recycelt!

Bitte berühren!

Östlich an den Palast schließt ein kleiner Garten an. Da steht ein **Denkmal**, das Sie streicheln sollten – so wie die Stahlplatten in New York am Ground Zero, wo die Besucher ausdrücklich aufgefordert werden, die Namen der Opfer von 9/11 zu berühren. Das Denkmal hier, 2008 von der Region Piemont errichtet, erinnert an die Gräueltaten, die von der deutschen Wehrmacht an italienischen Soldaten nach Italiens Seitenwechsel im Zweiten Weltkrieg verübt wurden.

Eine zweite Grünanlage, der **Boschetto**, führt vom Alten Palast zur Alten Festung. Fürs obligatorische Foto sitzt ein schrulliger britischer Hochkommissar im Vordergrund: Der war so antikenbegeistert, dass er sich in eine römische Toga gehüllt in Marmor meißeln ließ. Ein anderer, sehr viel später geborener Brite glänzt derweil ein paar Schritte weiter mit einer goldenen Nase. Jeder will das Riechorgan des bronzenen Gerald Durrell anfassen, der seine Kindheit in den 1930er-Jahren auf Korfu verbrachte und darüber den humorvollen Bestseller »Meine Familie und anderes Getier« schrieb. Die Familiensaga der Durrells läuft erfolgreich im britischen Privatfernsehen – die vorerst letzte Staffel wurde im Herbst 2017 in Kérkira abgedreht. Für die Insel ist die Fernsehserie ein Glücksfall: Wegen ihr boomt der Tourismus aus dem EU-Austrittsland noch stärker als je zuvor.

INFOS/ÖFFNUNGSZEITEN
Dauer des Rundgangs: ca. 30–40 Min.
Café Europa 4: tgl. ab 8 Uhr

Faltplan: E 5 | Cityplan S. 18/19

Kérkira und Umgebung ▶ Kérkira

›Neujahrswünsche‹ korfiotischer Anarchos. Das rote ›ENAK‹ darunter kann für zweierlei stehen: ›Gemeinsame Linke Bewegung‹ oder ›Griechische Akademie der Lebensretter‹.

Jüdisches Intermezzo:
Vom Neuen Fort zum Alten Hafen

Über den Wochenmarkt der Stadt und durchs alte Judenviertel geht es nun zurück ans Meer, zum Alten Hafen. Ein dunkler, gewundener Gang führt unterm Neuen Fort hindurch zum ganz modern gestalteten **Wochenmarkt** 6. Jeder Händler hat hier einen festen, uniformierten Stand, unromantisch, aber hygienisch. Ein guter Ort für *social spotting*: Zehn Minuten an der Espresso-Bar im Zentrum dieser Marktgasse ermöglichen Einblicke ins lokale Treiben. In der Nordwestecke der Platía Sarocco wartet dann die **Seifenfabrik Patoúnis** 7 auf Sie. In der Nordostecke des Platzes beginnt die Haupteinkaufsstraße der Neustadt, die Odós G. Theotóki, der Sie ein kurzes Stück folgen. Schon bald biegt links die Odós Velissáriou ins ehemalige Judenviertel von Kérkira ab. An dieser Gasse steht auch die einzige erhaltene Synagoge der Stadt, die im 17. Jh. erbaute **Scuola Greca** 9 (Odós Velissáriou 4, Mai–Okt. Mo–Sa 11–16 Uhr, Eintritt frei). Bis 1944 repräsentierten drei Synagogen das rege jüdische Leben im Altstadtviertel, 1891 zählte man hier 5000 Menschen jüdischen Glaubens. Heute sind es noch etwa 60, darunter kein einziger Rabbi.

Das nahe **Holocaust-Denkmal** 7 erinnert Vorübergehende an das schreckliche Schicksal der korfiotischen Juden. Die Odós Velissáriou führt dann weiter hinunter zum **Alten Hafen** 10. Bis in die 1980er-Jahre hinein wurde von hier der gesamte Fährverkehr mit dem Festland abgewickelt. Heute dient sein Kai vor allem als Parkplatz.

Altstadtbummel, 2. Teil:
Vom Alten Hafen zum Cambiéllo

Vom Alten Hafen aus steigt die schmale Küstenstraße samt einem in Griechenland seltenen Bürgersteig schön gekurvt leicht bergan in Richtung Esplanade. In der ersten Rechtskurve führt ein Weg in zwei Minuten durch das venezianische Nikólaos-Tor hinunter nach **Faliráki** 11 direkt am Meer. Hier verbringt man gerne ein chilliges Stündchen. Ein Strandbad samt Beach Bar ist da, ein modernes Restaurant und ein Club für spät am Abend. Bis in die Nachkriegszeit hinein war in dem alten, sorgfältig restaurierten Gebäude der Auswande-

Kérkira und Umgebung ▶ Kérkira

rer-Terminal der Insel. Hier warteten die Emigranten auf ihr Schiff, nahmen noch ein letztes Bad in noch erhaltenen Badewannen und wurden dann mit Ruderbooten hinübergebracht zu dem Segler oder Dampfschiff, das sie weit weg, auf ferne Kontinente bringen sollte.
In andere Sphären hingegen bringt Sie die ehemalige Kirche Panagía Antivouniótissa mit ihrem **Ikonenmuseum** 22 – einem der besten des ganzen Landes. Eine kurze Treppenflucht nach oben führt von der Uferstraße dorthin. Das Museum steht am Rande des **Cambiéllo-Viertels** 12, dem am ursprünglichsten gebliebenen Teil der Altstadt. Bummeln Sie planlos hindurch, irgendwo kommen Sie immer auf die Uferstraße oder andere Ihnen schon bekannte Gassen zurück. In den alten venezianischen Häusern stapeln sich meist fünf oder sechs Stockwerke übereinander, bewohnt sind sie nur noch zu kleinen Teilen. Es gibt keine Lifte, keine modernen Bäder. Man fragt sich, ob die alten Leute, die man manchmal an den Fenstern sieht, noch jemals auf die Straße kommen. Wieder hergerichtet sind manche der alten Penthouse-Aufsätze – mit Lift würde da wohl so mancher gern einziehen. Geschäfte, Tavernen und Cafés gibt es im Cambiéllo kaum, Touristen kommen nur selten hierher.

Pflichtbesuch für Serben: Insel Vídos
Der Stadt Korfu dicht vorgelagert liegt ein kleines, grünes Inselchen im Meer: Vídos. Vom **Vídos-Anleger** 13 aus fahren im Sommerhalbjahr stündlich kleine Personenfähren hinüber (stdl. 10–23 Uhr, 2 € hin und zurück, Inselplan am Anleger abfotografieren!). Die meisten Griechen an Bord wollen drüben an einem der beiden Strände baden oder in der Taverne weitab allen Verkehrslärms ein paar schöne Stunden verbringen. Mitteleuropäer reizt meist ein etwa 40-minütiger Spaziergang rund um das Eiland. Aus einem ganz anderem Grund kommen die vielen Serben, die meist an Bord sind: Eine Gedenkstätte dort erinnert an das Leiden und Sterben Zehntausender ihrer Landsleute auf Vídos und Korfu während des Ersten Weltkriegs. Große Teile der serbischen Armee waren von den Alliierten Deutschlands bis ans Ufer von Adria und Ionischem Meer getrieben worden. Britische und französische Truppen evakuierten sie von dort samt vieler serbischer Zivilisten nach Korfu. Kranke und Verletzte wurden auf Vídos interniert, um den Ausbruch von Seuchen zu verhindern. Trotzdem starben Zehntausende. Weil man auf der felsigen Insel kaum Gräber ausheben konnte, wurden etwa 5000 Tote mit Steinen beschwert und im Meer versenkt. Die auf Korfu selbst Verstorbenen setzte man auf 27 Friedhöfen bei, bis ihre Überreste 1938 in ein eigens erbautes Mausoleum auf Vídos umgebettet wurden.

Zum Postkartenmotiv: Garítsa und die Halbinsel Análipsi
Die berühmte Mäuseinsel ziert jede zweite Postkarte, die Urlauber aus Korfu verschicken. Wenn Sie im Flieger rechts am Fenster gesessen haben, werden Sie sie schon kurz vor dem Aufsetzen zum Greifen nah unter sich gesehen haben. Heute bringt Sie die Stadtbuslinie 2 – mit Stop-over – dorthin. Die Strecke zu laufen macht nämlich keinen Spaß: Zu dicht ist der Autoverkehr auf der schmalen Straße, die Sie nehmen müssten. Aussteigen heißt's am **Eingangstor zum Park Mon Repos**. Dem direkt gegenüber steht Korfus schönste Ruine. Noch bis zur Dachhöhe ragen die Mauern einer **Hallenkirche** 14 aus dem 13. Jh. auf. Etliche Bauteile aus antiken Tempeln der Umgebung fanden beim Bau Verwendung. So stammen die elf marmornen Löwenkopf-Wasserspeier vom Hera-Tempel aus dem 4. Jh., dessen Überreste im Schlosspark liegen. Auf der anderen Straßenseite wurden die Ruinen einer römischen Thermenanlage freigelegt. Ihre wieder mit Kies bedeckten Mosaikfußböden werden zusätzlich durch ein modernes Schutzdach beschirmt. Kein Zweifel: Sie befinden sich jetzt auf dem Gelände der antiken Stadt Kérkyra. Die lag nämlich nicht an Stelle der heutigen Altstadt, sondern auf

 # 2

Besuch beim Inselheiligen – **Ágios Spirídonos**

Wenn Sie nicht wissen, wie Sie den Kellner rufen sollen, versuchen Sie es einmal mit ›Spíros‹, denn jeder zweite Korfiote heißt so. Es ist die Kurzform von Spirídonos, dem Namen des Inselheiligen. Ihm hat man 1584 die schönste Kirche der Metropole erbaut. Wie ein Magnet zieht sein ▼ Grab im Gotteshaus Scharen von Pilgern an.

Reliquien galten in der christlichen Welt des Mittelalters als eine Art Versicherungspolice. Wer Körper- oder Knochenteile eines Heiligen besaß, eins seiner Kleidungsstücke oder anderes, mit dem er in Berührung gekommen war, fühlte sich durch ihn beschützt. Überall in Europas Städten trug man im Falle einer Belagerung die Reliquien der Stadt in feierlicher Prozession über die Stadtmauern, um sie ihrem Segen zu unterstellen. Kranke und Gebrechliche pilgerten zu den Grabstätten der Heiligen, um Genesung zu erfahren. Spezielle Geschäftsideen boomten: Händler zogen über den Kontinent und handelten mit Knochen, Schädeln und sogar ganzen, unverwesten Leichnamen.

Ein Heiliger für alle Lebenslagen

Auf Korfu erwarb eine adlige Familie 1456 die sterblichen Überreste des hl. Spirídonos für ihre Privatkapelle. Erst 1968 wurden sie von der damals Griechenland beherrschenden Militärjunta ›enteignet‹ und der Kirche zugesprochen. Spirídonos war um 270 auf Zypern geboren worden und dort zum Bischof aufgestiegen. Bis zum 7. Jh. durfte er in zyprischer Erde ruhen, dann verbrachten fromme Menschen seine Gebeine in die Reichshauptstadt Konstantinopel. Als die Osmanen sie 1453 eroberten, nahmen Mönche die Reliquie mit auf ihre Flucht und verkauften sie schließlich auf Korfu. Dort bewirkte der Heilige zunächst nur kleinere Wunder, die sein Ansehen allerdings schon steigerten. Doch dann erlöste er die Insel 1550 von einer Hungersnot, 1629 und

ÜBRIGENS

Schaden kann's nicht: In den Devotionalienhandlungen unterhalb der Kirche können Sie den Heiligen als Magnetbildchen für Auto oder Kühlschrank erwerben …

Ágios Spirídonos #2

Made in China? Gut möglich, auch die Kirche will sparen. Mit orthodoxer Kunst haben diese Souvenirs jedenfalls nichts zu tun!

1673 von der Pest. Seine größte Tat vollbrachte er am 11. August 1716, als er einem Sachsen in venezianischen Diensten, Graf von der Schulenburg, den nicht mehr für möglich gehaltenen Sieg über die türkischen Truppen schenkte.

Heute ruhen die Gebeine des Heiligen in der **Kirche Ágios Spirídonos** 6 in der Kapelle rechts vom Altarraum. Man hat sie in einen 1770 gezimmerten Ebenholz-Sarkophag gebettet, der mit Ikonen verziert ist. Als äußere Hülle umschließt ihn ein zweiter, mit Silber beschlagener Holzsarkophag, den ein Wiener Meister 1867 fertigte. Den ganzen Tag über pilgern Gläubige zum Sarkophag, blicken durch eine Glasscheibe an einem Ende auf den Schädel des Heiligen und dürfen am anderen Ende durch eine Klappe einen Kuss auf seine Füße andeuten.

Über dem Sarkophag hängen kostbare Ampeln und andere Votivgaben. Die Votivtäfelchen, die dem Heiligen dargebracht werden, nimmt der Küster mehrmals im Jahr ab, wenn sie zu zahlreich werden. Mehr als 300 gelten als zuviel. Auf der Marmorbrüstung vor der Ikonostase stehen Körbe, in denen die Pilger ihre auf bereitliegende Zettel geschriebenen Gebete legen können. Oft stehen darauf nur die Namen von Freunden und Verwandten, tot oder lebendig, die der Priester in seine Fürbitte einbeziehen soll, die er morgens und abends am Reliquienschrein leistet. Das ehrenvolle Priesteramt der Kirche fällt alle zwei Monate einem anderen Inselpfarrer zu.

INFOS/ÖFFNUNGSZEITEN
Kirche Agios Spirídonos 6: tgl. ca. 7–20 Uhr, Klappen im Reliquienschrein tgl. 10–12.30 und 16–17 (Juni–Aug. 17–18.30) Uhr

Faltplan: E 5 | Cityplan S. 18/19

Auszeit im Park – **Mon Repos**

Genug von Häusern, Cafés, Läden und Menschen? Dann ist der Park von Mon Repos jetzt genau das Richtige für Sie. Ein bisschen Glamour ist auch dabei: Im kleinen Schlösschen erblickte Philip, Prinzgemahl der Queen, 1921 das Licht der Welt. Lange blieb er allerdings nicht in Griechenland.

Vom **Parkeingang** 1 führt eine für den öffentlichen Kraftfahrzeugverkehr gesperrte kleine Straße zum **Schloss Mon Repos** 2 hinauf. Im Grunde ist es für royale Verhältnisse nicht mehr als eine stattliche Sommervilla – das griechische Königshaus besaß mit dem Alten Palast ja noch eine repräsentativere Residenz in der Stadt.

Der britische Hochkommissar Sir Frederick Adam ließ Mon Repos (›Meine Ruhe‹) während seiner Amtszeit 1824–32 erbauen, wurde aber zu seinem Leidwesen bereits kurz nach Fertigstellung als Gouverneur ins ferne indische Madras versetzt. Mit dem Anschluss der Ionischen Inseln an Griechenland 1864 ging das Schlösschen in den Besitz des griechischen Herrscherhauses über. Im Juni 1921 kam Prinzess Alice von Battenberg zu Besuch, eine Enkelin Queen Victorias. Sie war mit dem Prinzen Andreas von Griechenland vermählt, einem Sohn des griechischen Königs Georg I. Hier auf Mon Repos gebar die Dame einen gewissen Philip, den späteren Prinzgemahl der englischen Königin Elizabeth II., der erst 1947 die britische Staatsbürgerschaft annahm.

Mit der Monarchie in Griechenland war es 1973 aus und 1994 fielen Schlosspark und Schloss in den Besitz des griechischen Staates, der es zur Verwaltung der Stadt Korfu übergab.

Im Schloss sind einige Räume mit Möbeln im Regency-Stil eingerichtet, wie sie so ähnlich auch um 1920 in den Räumen gestanden haben mögen. Alte Stiche und Aquarelle zeigen das einstige Aussehen von Schloss und Park. Auch einige archäologische Funde aus der antiken Stadt Kérkyra sind ausgestellt.

Nicht gerade der Buckingham Palace: Im kleinen Palais Mon Repos erblickte Prinz Philip das Licht Korfus.

Picknick im Grünen

Nun folgt das Schönste: ein Spaziergang auf Waldwegen durch den 280 ha großen, subtropischen Park mit seinem bis zu 200 Jahre alten Baumbestand und hoch wachsenden Farnen. Folgen Sie dem Wegweiser zum **Heraeum** 3, passieren Sie nach etwa fünf Minuten die sehr spärlichen Überreste eines um 400 v. Chr. errichteten Tempels für Hera, die Schwester und Gemahlin von Göttervater Zeus. Nur noch drei Minuten sind es dann zum **Doric Temple** 4, einem der idyllischsten Fleckchen der ganzen Insel. Auf einer winzigen Lichtung steht zwischen knie- bis brusthohen Mauern sogar noch eine antike Säule mit Kapitell aufrecht. Sie wird in die Zeit um 500 v. Chr. datiert. Eine Sitzbank lädt zur Rast; Reisegruppen samt parlierendem Fremdenführer gelangen fast nie bis hierher. Kein Wärter pfeift die Herumkraxelnden in der Tempelruine zurück. Nur Jogger huschen ab und zu vorbei. Wer ein Picknick mitgebracht hat, kann es hier an einst heiliger Stätte genießen...

Und nun noch ein Bad gefällig? Zwei Minuten vor dem Wiedererreichen des Schlosses zweigt nach rechts unten ein Waldweg ab. Er bringt Sie an eine von dichtem Grün umhüllte Bucht mit hölzernem **Anleger** 1. Zu seinen beiden Seiten bietet ein kurzer, schmaler Kiesstrand Gelegenheit zum (Sonnen)Bad. Wer weiß, vielleicht ging dort ja sogar auch die Oma von Prinz Charles ins Wasser?

ÜBRIGENS

Dreimal hält nicht besser: Die Eltern von Prinz Philip wurden 1903 gleich dreimal getraut: standesamtlich, anglikanisch und orthodox. Trotzdem trennte sich das Paar 1930 endgültig, nachdem Alice an Schizophrenie erkrankt war.

INFOS/ÖFFNUNGSZEITEN
Schloss 2: T 26610 413 69, Di–So 9–16 (Nov.–Mai bis 15) Uhr, Schlosspark tgl. 8.30–20 Uhr, im Winter bis 17 Uhr, Eintritt frei
Busverbindung: Stadtbuslinie 2 ab Platía Sarocco

Faltplan: E 5 | **Cityplan** S. 18/19

Kérkira und Umgebung ▶ Kérkira

Die Anzeigetafel des Flughafens können Sie sich mit der App flightradar24 auf Ihr Device holen. Da sehen Sie auch, woher landende Maschinen kommen und wohin startende Jets wollen.

der Análipsi-Halbinsel. Die antike Stadtmauer zog sich in etwa vom heutigen Flughafen-Terminal bis dorthin, wo die Straße vom Flughafen an die Bucht von Garítsa aufs Ufer einmündet. Zu sehen ist von ihr freilich kaum mehr als das, was Sie bisher schon hier und vielleicht auch im Schlosspark angeschaut haben. Also wieder in den Bus, der Sie bis **Kanóni** 15, der Spitze der Halbinsel Análipsi, schaukelt: ein Ort, der Romantiker und Flugzeugfans gleichermaßen in einen Zustand höchster Glückseligkeit versetzt. Die einen, weil der Blick

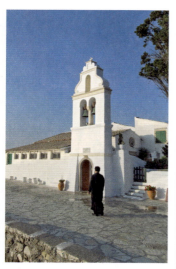

So beschaulich ist es nur selten auf der Klosterinsel Vlacherna. Oft donnern Urlauberjets im Anflug daran vorbei.

auf den kompletten Airport von Korfu fantastisch ist und landende Jets so nah einschweben, dass man dabei fast die Gesichter der Piloten im Cockpit erkennen kann. Romantiker hingegen begeistert der Blick hinüber zur Mäuseinsel **Pontikoníssi** 16: Da saß die unglückliche österreichische Kaiserin Sisi so oft und schrieb zarte Zeilen. Zur Mäuseinsel können Sie auch hinüberfahren (hin und zurück 2,50 €). Eine Plakette erinnert dort an die Besuche Ihrer Majestät. Vom ehemaligen klösterlichen Leben auf der Insel zeugt eine kleine Kreuzkuppelkirche aus dem 11. Jh., in der noch bis vor 100 Jahren Mönche beteten. Die Boote fahren vom kurzen, steinernen Damm ab, der hinüberführt zu einer weiteren Klosterinsel, **Vlachérna** 17. Um 1700 wurde der kleine Konvent erbaut. Das Kirchlein fungiert noch als Gotteshaus, im Raum gleich daneben türmen sich Souvenirs. Genug gesehen? Mit der Stadtbuslinie 2 geht es nun zurück bis zur **Windmühle** 18 an der Küstenstraße, genau an der Spitze des Stadtteils Garítsa. Vom dortigen Café aus ist der Blick auf die Altstadt von Korfu und die Alte Festung grandios. Sollte Ihnen der Sinn noch nach einer weiteren historischen Sehenswürdigkeit stehen, gehen Sie etwa 200 m die Gasse entlang, die links am **Hotel Mayor Mon Repos Beach** 4 entlangläuft. Sie kommen dann zur schönsten und stattlichsten byzantinischen Kirche der Insel, **Ágii Iasónos und Sossípatros** 19 (nur sporadisch geöffnet). Das altehrwürdige Gebäude zählt etwa 1000 Jahre. Deutlich sind die sorgfältig behauenen Tuffquader der Antike und die weniger regelmäßigen Steine der Entstehungszeit zu unterscheiden. Kurzer Ausflug in die Kunstgeschichte: Typisch byzantinisch sind die schönen Ziegelsteindekors, entweder Zick-Zack-Bänder oder das Christus-Monogramm mit den Buchstaben IC. Folgen Sie der schmalen Straße bis zum Ende und biegen dann nach rechts, sind Sie wieder am Meer. Mit dem Bus oder auch zu Fuß kommen Sie schnell in die Altstadt zurück.

MUSEEN, DIE LOHNEN

Eine schreckliche Fratze
Archäologisches Museum [20]
Wenn es darum geht, Unheil abzuwehren, können Frauen furchteinflößend sein. Die Gorgone Medusa im Museum ist ein archaischer Beweis dafür. Schlangen bilden ihre Haare und ihren Gürtel. Sie fletscht die Zähne, streckt die Zunge heraus. Geschwind kann sie überall sein, denn sie hat Flügel und trägt zu allem Überfluss auch noch geflügelte Schuhe. Auf dem Boden bewegt sie sich im Knielauf fort. Wen will sie schrecken? Diese Gorgone zierte seit etwa 590 v. Chr. einen der Giebel des antiken Artemis-Tempels von Kérkyra. Ihre Bestimmung war es, Böses vom Tempel fernzuhalten. Das hat so lange geklappt, bis die Korfioten Christen wurden. Danach haben sie den Bau Stein für Stein abgetragen und die Blöcke anderweitig wiederverwendet.
Weitere bedeutende Objekte im Museum sind die Skulptur eines liegenden Löwen aus dem 7. Jh. v. Chr., einst Wasser speiende Löwenköpfe aus dem 4. Jh. v. Chr. und der sogenannte Figaretto-Giebel aus der Zeit um 510 v. Chr. Dessen Hauptfigur dürfte uns Heutigen weitaus sympathischer sein als die Gorgone: Es ist Dionysos, der griechische Gott des Weins und des Theaters.
Odós Vréla Arméni 1, derzeit wegen Umbauarbeiten geschl., Wiedereröffnung voraussichtlich im Laufe des Jahres 2019 oder 2020

Exoten auf Korfu
Alter Palast und Museum der Asiatischen Kunst [21]
Wenn es regnet oder Sie Kunst und Kultur lieben, schauen Sie sich den Alten Palast auch von innen an. Schweben Sie auf der wohlkomponierten Freitreppe hinauf ins Obergeschoss und staunen Sie über den Prunk des einstigen Ballsaals, des Bankett- und des Thronraums. Im Eintrittspreis inbegriffen ist auch der Zutritt zu Griechenlands einzigem Museum für Asiatische Kunst. Was da gezeigt wird, wurde von einem griechischen Diplomaten und einem griechischen

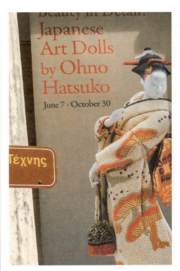

Mal was anderes: Auf Korfu ist stets auch asiatische Kunst zu bestaunen. Die gibt es in Hellas nur hier.

Pelzhändler mit Leidenschaft gesammelt und später dem Staat geschenkt. In 13 Räumen werden Ihnen auf Griechisch und Englisch die Grundzüge der asiatischen Kunstgeschichte präsentiert. Die Objekte haben den weiten Weg von China und Japan, Nepal, Tibet und Afghanistan hierher genommen. Auch ein wenig Erotik kommt ins Spiel: Khajuraho hat nach Korfu gefunden.
Auf der Nordseite der Esplanade, April–Okt. tgl. 8–20, Nov.–März Di–So 9–16 Uhr, Eintritt 6 €

Im Alten Palast trafen sich im Juni 1994 die Staats- und Regierungschefs der EU-Staaten zu ihrem halbjährlichen Gipfeltreffen. Ob Helmut Kohl oder François Mitterrand damals auf dem Thron Probe saßen, ist nicht überliefert.

Himmlische Sphären – **Byzantinisches Museum**

Ikonen sind nur dann langweilig, wenn man nichts von ihnen versteht und sich nicht auf diese Kunstform einlässt. Machen Sie den Selbstversuch, erleben Sie in der alten venezianischen Kirche Antivouniótissa 22 zu sanfter byzantinischer Musik fremde Geisteswelten!

Jetzt heißt es zunächst einmal gewohnte Sichtweisen ändern. Hier geht es nicht vorrangig um Ästhetik und Kunstgeschichte, sondern um das Eintauchen in eine komplizierte Rechtfertigungswelt voller Wunder und Heilsversprechen. Die heiligen Bilder der Ostkirche wollen kein Schmuck sein. Kreativität und neue Sichtweisen des Malers sind verpönt. Es geht ja schließlich um ewige Wahrheiten, die keinen Spielraum für persönliche Interpretationen lassen. Seine Ikone soll theologisch unumstößliche Aussagen treffen und die dargestellten Heiligen auf mystische Weise geistig im Raum präsent werden lassen: Ikonen als Tor zu einer anderen Welt. Der Maler hat deshalb einem strengen Kanon zu folgen, der sich im Laufe der Jahrhunderte im und nach dem Bilderstreit herausbildete. Dieser ›Ikonoklasmus‹ tobte zwischen 726 und 843 im gesamten Byzantinischen Reich als blutiger Bürgerkrieg um die Fragen, ob Ikonen gottgefällig seien oder nicht. Er kostete Tausende von Menschenleben.

Den Code knacken

Die Bedeutung der Ikonen steckt im Detail. Gleich gegenüber der Kasse hängt eine **Marien-Ikone** (**1**, Nr. 170). Maria trägt ein durchgehendes Gewand, das nicht nur den Körper, sondern auch den Hals und den Kopf verhüllt. Dieses ›Mariophórion‹ trägt sie auf jeder Mariendarstellung der Ostkirche. Maria mit tiefem Dekolleté wie in der westlichen Malerei? Im Osten unvorstellbar! Das geschlossene Gewand ist nämlich ein Bild für die Jungfräulichkeit Mariens. Das Kind, das sie

▶ **LESESTOFF**

Eins der schönsten Ikonenbücher Griechenlands ist dem Byzantinischen Museum auf Korfu gewidmet. Abbildungen und englische Texte sind hervorragend. Im Museum selbst ist es meist nicht vorrätig. Eher bekommen Sie es im staatlichen Museumsladen in der Alten Festung.

Byzantinisches Museum #4

auf dem Arm hält, trägt im Nimbus, dem Heiligenschein, drei Buchstaben: O ΩN. Sie bedeuten ›Der ewig Seiende‹. Sie werden sie fast immer im Nimbus Jesu, des als weiße Taube dargestellten Heiligen Geistes und Gottvaters finden – aber nie im Nimbus irgendeines Heiligen.

Ganz selten werden diese Buchstaben durch Edelsteine ersetzt, so wie in der **Christus-Ikone (2, Nr. 160)** gleich nebenan. Wie Maria ist auch Christus frontal dargestellt. Beider Augen schauen den Betrachter nicht an. Ihr Blick richtet sich verloren in eine andere Welt, in die sie den Gläubigen mitnehmen, wenn er sich in den Anblick des Dargestellten und seiner Augen versenkt, wenn er meditiert. Dass es sich bei dieser Ikone um eine Christusdarstellung handelt, wird nicht nur durch die Art des Nimbus klar. Links oben auf der Ikone stehen die Buchstaben IC für Jesus, rechts oben die Buchstaben XP für Christus.

Die Buchstaben haben aber auch noch eine andere Funktion. Sie stehen für den bilderfeindlichen Gott des Alten Testaments, sind quasi ein Code für das zweite Gebot und den Satz »Am Anfang war das Wort«. Dieses »Wort« hält

Die Kirche Antivouniótissa aus dem 15. Jh. ist heute eins der schönsten Ikonenmuseen ganz Griechenlands.

#4 Byzantinisches Museum

Wie Nr. 186 zeigt auch Ikone Nr. 155 den Soldatenheiligen – ein Georg mit stilistischer Tendenz zur Renaissance.

Christus in Form eines Buches in der Hand. Die Botschaft: Gottvater selbst hat sein im Alten Testament ausgesprochenes Bilderverbot aufgehoben, indem er durch seinen Sohn ja selbst ein Bild von sich gab. Dazu passt die Fingerhaltung der rechten Hand Christi: Daumen, Ring- und kleiner Finger berühren einander, verweisen auf die Himmlische Dreifaltigkeit. Mittel- und Zeigefinger hingegen sind ausgestreckt. Auch dahinter verbirgt sich eine theologisch bedeutsame Aussage, nämlich, dass Jesus Gott und Mensch zugleich war.

Gemalte Versprechen

Die **Georgs-Ikone (3,** Nr. 186) erzählt zunächst einmal eine nette Legende. Der Soldatenheilige sitzt im goldenen Brustpanzer auf einem prächtigen Schimmel und rammt gerade seinen Spieß ins Maul eines Drachen. Hinter ihm sitzt ein Knabe, hält ein Glas und eine Kanne in der Hand. Piraten hatten das Kind entführt. Die verzweifelte Mutter wandte sich in ihrer Not an Georg. Der fand den Knaben bei seinen Entführern, denen er als Mundschenk dienen musste. Beherzt ergriff

▶ LESESTOFF

Die Welt der Ikonen ist ein Insel-Taschenbuch von Helmut Fischer für alle, die tiefer in die Bedeutung, Geschichte und Technik orthodoxer Sakralmalerei eindringen möchten.

der Heilige den Knaben und brachte ihn seiner Mutter zurück. Seine Verewigung auf der Ikone sagt dem gläubigen Betrachter: Der Heilige wird auch dir in der Not beistehen!

Ein viel weiter reichendes Versprechen gibt die Ikone der **Hadesfahrt Christi (4,** Nr. 162). Wie in einem Halbsatz im Neuen Testament erwähnt, begibt sich Jesus nach seiner Auferstehung zunächst einmal in die Unterwelt. Gewaltsam bricht er die Pforten zum Totenreich auf und zieht als Ersten Adam stellvertretend für die gesamte Christenheit aus seinem Sarkophag. Genau diesen Moment sehen Sie auf der Ikone dargestellt. Jesus steht auf den aufgebrochenen Türflügeln zur Unterwelt, die bezeichnenderweise kreuzförmig übereinander liegen: Erst durch den Kreuzestod war ja die Auferstehung möglich. In der dunklen Höhle darunter bändigt ein Engel gerade den Hades als Wächter des Totenreichs. Neben Adam steht in rotem Gewand Eva, vor Felsen warten Heilige, Könige und Propheten auf ihre Erlösung. Auch hier soll kein einmaliges historisches Geschehen dargestellt werden, sondern ein gültiges Versprechen ist gemeint – das der Erlösung vom Tode. Und das nimmt man ja gerne entgegen.

INFOS/ÖFFNUNGSZEITEN

Byzantinisches Museum in der Kirche Panagía Antivouniótissa 22: Odós Arseníou, www.antivouniotissa museum.gr Di–So 8–15 Uhr, Eintritt 4 €, Fotografieren ohne Blitzlicht und Stativ erlaubt

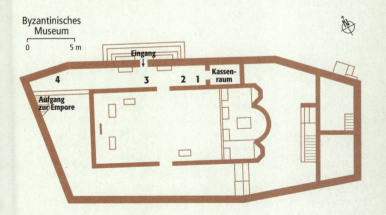

Faltplan: E 5 | Cityplan S. 18/19

Kérkira und Umgebung ▶ Kérkira

Welt der Wunder
Byzantinisches Museum Panagía Antivouniótissa 22

Die Welt der Ikonen ist den meisten Nicht-Orthodoxen ein Buch mit sieben Siegeln. Selbst nicht-orthodoxe Theologen und Kunstwissenschaftler verstehen sie kaum. Wenn Sie mögen, versuchen Sie ein wenig zu ihrer Bedeutung vorzudringen, ansonsten genießen Sie hier einfach nur die Ästhetik der Bilder und die Schönheit des Kirchenraums (▶ S. 30). Seine Wände wirken wie Leder- oder Brokat-Tapisserien, sind aber nur aufgemalt.
Odós Arseníou, Di–So 8–15 Uhr, Eintritt 4 €

Museum mal anders
Casa Parlante 23

Hier wird jeder Gast noch von einem wirklichen Menschen durch die Ausstellung geführt – das allein ist ein selten gewordenes Erlebnis. Und der kennt sich gut aus mit den Familienverhältnissen der korfiotischen Familie, die im späten 18. und frühen 19. Jh. in diesem bürgerlichen Stadthaus wohnte, weiß so einiges über die Lebensgewohnheiten und innerfamiliären Beziehungen zu berichten. Familienmitglieder und Bedienstete sind in Form lebensgroßer Wachsfiguren auch mit von der Partie, sitzen und stehen zwischen Möbeln und Gerätschaften ihrer Zeit. Alle tragen einen Namen, im Salon werden dem Besucher ein Likör und etwas Süßes angeboten. Nach etwa 15 Minuten Zeitreise stehen Sie wieder auf der Straße im Hier und Jetzt.
Odós N. Theotóki 16, tgl. 10–21 Uhr, T 26610 491 90, www.casaparlante.gr, Eintritt 6 € inkl. Führung

> **ÜBRIGENS**
>
> Wenn Sie wissen wollen, wie zur gleichen Zeit das einfache Volk auf dem Lande lebte, fahren Sie nach Sinarádes.

SCHLEMMEN, SHOPPEN, SCHLAFEN

In fremden Betten

In der Altstadt sind Hotels recht dünn gesät. Dabei wohnt man hier naturgemäß am stimmungsvollsten. Gute alternative Wohnangebote wie airbnb fehlen in den Gassen, denn nahezu alle Häuser hier sind sanierungsbedürftig. Preiswerte Alternativen zu den wenigen Altstadthotels finden Sie am ehesten nahe dem Fährhafen. Wer Beach und City miteinander kombinieren will, wohnt im Stadtteil Garítsa. Fast alle Hotels in der Stadt sind im Gegensatz zu den vielen Strandhotels der Insel ganzjährig geöffnet.

Über Nacht im Mädchenpensionat
Bella Venezia 1

Der klassizistische Bau aus dem 19. Jh. direkt auf der Stadtmauer hat schon viele Funktionen erfüllt, darunter als Bank und als Mädchen-Oberschule. Heute dient er als Hotel mit 32 relativ kleinen Zimmern. Das Frühstück wird in einem Garten-Pavillon serviert, eine kleine Bar bringt die Hausgäste zusammen. Man könnte das Haus ›gemütlich‹ nennen.
Odós Zambéli 4, T 26610 465 00, www.bellaveneziahotel.com, DZ ab 120 €

Alter Palazzo
Cavalieri 2

Im gediegensten der Altstadthotels sind die 48 Zimmer recht klein, die Möbel edel, aber nicht gerade modern. Die Bar gleich in der Lobby wirkt wie eine Hausbar für Stammgäste, das Café-Restaurant auf dem Dach hingegen ist im Städtchen einzigartig und steht auch Nicht-Hotelgästen offen. Ein Hotel für eher konservative Gäste!
Odós Kapodistríou 4, T 26610 390 41, www.cavalieri-hotel-corfu-town.com, DZ ab 120 €

Mein Lieblingshotel
Konstantinoupolis 3

Man muss wohl Griechenland lieben, um das Hotel direkt am Alten Hafen würdigen zu können. Das 1861 erbaute

Kérkira und Umgebung ▶ Kérkira

Sooo schön zum Sonnenuntergang: Das Hotel Cavalieri bietet die bisher einzige Dachgarten-Bar in der Inselhauptstadt. Erst taucht der Feuerball alles in Gold, dann legt sich sanftes Blau über Berge und Meer – und die Stadt funkelt zu Ihren Füßen.

fünfgeschossige Haus diente schon 1878–1993 als Hotel und wurde nach gründlicher Renovierung in den 1990er-Jahren wiedereröffnet. Der Frühstücksraum und der Zwei-Personen-Fahrstuhl verströmen das Flair des 19. Jh., die 34 schlicht möblierten Zimmer haben nur zum Teil einen schmalen Balkon. Einen besonderen Service liefert die griechische Marine: Wenn die vor ihrer 2150 m entfernten Kommandantur morgens um 8 Uhr die griechische Flagge hisst, erklingt dazu die Nationalhymne – auch als stimmungsvoller Weckruf für die Hotelgäste.
Odós K. Zavitsianoú 11, T 26610 487 16, www.konstantinoupolis.gr, DZ ab 80 €

Stadthotel mit Strand
Mayor Mon Repos Palace Art Hotel 4
Sie mögen auch als Städteurlauber nicht auf ein kurzes Bad am Morgen oder Abend verzichten? Dann wohnen Sie in diesem modernen 110-Zimmer-Hotel direkt an der Landspitze des Garítsa-Viertels goldrichtig. Die Kunst muss man hier zwar suchen, aber der minimalistisch-klassische Stil der Möblierung lässt zumindest den Willen zu gutem Design erkennen. Das Strandbad Mon Repos ist nur 40 m entfernt, zur etwa 1,5 km entfernten Altstadt spazieren Sie immer am Meer entlang oder nehmen den Stadtbus.
Odós Dimokratías 4, T 26610 327 83, www.mayormonrepospalace.com, ganzjährig geöffnet, DZ ab 80 €

Exklusiv und trotzdem erschwinglich
Siorra Vittoria 5
Stilvoller als in diesem Boutique-Hotel können Sie in der ganzen Stadt nicht wohnen. Die 1823 erbaute Villa nahe dem ehemaligen Ionischen Parlament ist noch immer im Besitz der gleichen Familie. Die hat viel Geld und Geschmack in das Anwesen investiert. Die antik gestylten Möbel wurden extra fürs Haus in Mailand entworfen und produziert, Eichenholz, Marmor und Leder dominieren. Man achtet auch aufs Detail: Bei den Bademänteln können die Gäste zwischen Baumwolle und Seide wählen. Bei normal-gutem Wetter frühstücken die Gäste der neun Zimmer und Suiten im kleinen, üppigen Privatgarten – und wenn es doch einmal regnet, bietet der

Kérkira und Umgebung ▶ Kérkira

Griechenland ginge es besser, würden alle Gastronomen ehrlich Steuern zahlen. Mein Beitrag zur Steuerehrlichkeit: Wer mir keine ordentliche Maschinenquittung ausstellt, erhält kein Trinkgeld. Das zahlt ja schon das Finanzamt und damit der europäische Steuerzahler.

Salon im Stil des 19. Jh. eine wohlige Alternative.
Odós Pádova 36, T 26610 363 00, www.siorravittoria.com, DZ je nach Saison und Größe 105–240 €

Satt & glücklich

Familienbetrieb
Bellissimo
Nur wenige Schritte von einer der Haupteinkaufsstraßen der Altstadt entfernt liegt diese Familientaverne wie eine Oase auf einem Platz mit zierlichen Zitronenbäumchen. Stávros, Kóstas und ihre Frauen Ánna und Dóra bereiten täglich fünf oder sechs Tagesgerichte frisch zu, Salate sowie Grillgerichte ergänzen das Angebot.
Odós B. Bitzárou Kiriakí (Zugang von der Odós N. Theotóki zwischen den Hausnummern 67 und 69), T 26610 411 12, Mo–Sa ab 10.30, Aug. auch So ab 18 Uhr, Hauptgerichte ab 8 €

Selbst Hand anlegen
Ektós Skedíou ❷
Abends ist im ›Ohne Plan‹ das ganze Jahr über nur mit etwas Glück gleich ein Platz zu bekommen, außer man trudelt schon zu ungriechisch früher Zeit wie 20 Uhr dort ein. Statt einer Speisekarte bekommt der Gast eine lange Liste mit den gedruckten Standard- und den handgeschriebenen Tagesangeboten vorgelegt. Hinters Gewünschte notiert der Gast die Zahl der Portionen und gibt dann den Bestellzettel dem Kellner zurück. Alle Gerichte kommen auf den Tisch, wenn die Küche sie fertig hat. Eine Reihenfolge kann der Gast nicht festlegen. Wer des Griechischen nicht mächtig ist, kann freilich auch die Hilfe

Richtig zubereitet ist so ein Kalamar eine Offenbarung und kann die schrecklichen Erinnerungen an zähe Gummiringe auslöschen.

des Kellners bei der Bestellung in Anspruch nehmen. Was er aufzählt, hängt dann von seinen Sprachkenntnissen ab.
Odós Prosaléndou 43, T 26610 822 40, Mo–Sa 12.30–2 Uhr, typisches Mezé-Essen 15–20 €/Pers.

Klassisch italienisch
La Cucina ③
Keinerlei fremdartige Abenteuer sind bei Korfus Edel-Italiener zu befürchten. Hier kommen die Klassiker vom Stiefel auf den Tisch. Exzellent sind beispielsweise das Rinder-Carpaccio und die Pasta, auch die Pizza ist gut.
Odós Guilford 17/Ecke Moustichídi, T 26610 457 99, www.lacucinacorfu.com, tgl. ab 18 Uhr, Hauptgerichte 10–25 €

Klassische Markttaverne
O Rouvas ④
Schlicht, freundlich, lecker. Was will man mehr? Hier werden Marktbesucher und -beschicker satt, für Formalitäten ist kein Platz, wer die Speisekarte nicht versteht, wird in die Küche geführt und schaut in die Töpfe. Außenplätze Fehlanzeige, drinnen ist es ja kühler!
Odós Stam. Desíla 13, Mo–Sa 10–17 Uhr, T 26610 311 82, Hauptgerichte 8–12 €

Kulinarisches Konsulat
Rex ⑤
Wann speist man schon einmal bei einem deutschen Honorarkonsul? Im Rex ist's möglich. Das feine Restaurant, schon 1932 gegründet, liegt direkt hinter den Arkaden der Esplanade an einer geschäftigen Gasse. Drinnen hängen Werke des korfiotischen Malers Theófilos Kentárchos (geb. 1934), draußen sorgen die Passanten für Farbe. Die Tischdecken sind weiß und gestärkt, das Essen beste griechische Restaurantküche.
Odós Kapodistríou 66, tgl. ab 12 Uhr, T 26610 396 49, Hauptgerichte 10–24 €

Zwischen Studenten
To Aláto-Pípero ⑥
In der schmalen Gasse Odós Prosaléndou gleich hinterm Alten Hafen drängen sich auf 50 m fast ein Dutzend kleine Studentenlokale aneinander. Abends herrscht hier Hochbetrieb: Die Preise sind stimmt. A (meist T einmal den M bieten auch ›Salz-Pfeffer-Streuer‹ einen seltenen, weil arbeitsa digen Salat, den typisch korfiotisch *tsigarélli*. Dafür braucht sie die Blätter von sieben verschiedenen Grünpflanzen, die auf Märkten nicht erhältlich sind. Sie müssen selbst gesammelt werden. Die Blätter werden gedünstet und scharf gewürzt – da liefe sogar manchem indischen Vegetarier das Wasser im Mund zusammen!
Odós Prosaléndou/Odós Dóna 17, tgl. ab 12 Uhr, T 69422 638 73, Hauptgerichte ca. 8 €, *tsigarélli* 4 €

Altstadtromantik
Venetian Well ⑦
Fein gedeckte Tische auf einem winzigen Platz mit venezianischer Kirche und venezianischem Brunnen. Eine kleine, aber feine Speise- und eine viel umfangreichere Weinkarte. Übersichtliche Portionen, die auch fürs Auge ein Hochgenuss sind. Mediterrane Küche, klassisch und kreativ. Das sind die Ingredienzien für eins der besten, aber auch teuersten Restaurants der Stadt. Reservierung dringend anzuraten!
Platía Kremastí, Mo–Sa ab 19 Uhr, T 26615 509 55, www.venetianwell.gr, 3-Gänge-Menü ab ca. 38 €

Kaffee und Künstler
Kulturcafé Plous ⑧
▶ S. 38

ÜBRIGENS

Man mag Wein lieber mögen, aber Wasser ist wichtiger. Deshalb galt der Mann, der den venezianischen Brunnen 1699 stiftete, auch als Wohltäter an der Allgemeinheit.

Anders einkaufen – **Made in Corfu**

Sie möchten wissen, wer hinter den Souvenirs steckt, die Sie mit nach Hause nehmen? Bei diesem kleinen Einkaufsbummel von der Kirche Ágios Spirídonos ins frühere Judenviertel kommen Sie direkt mit den Produzenten ins Gespräch – und kaufen garantiert nichts aus China.

Theódoros Vassilákis, um 1935 geboren, hat sich ganz den kleinen Zwergorangen Kumquat verschrieben, die in Hellas nur auf Korfu gedeihen. 1960 gründete er seine Destillerie **Vassilákis & Sons** im Binnendorf Ágios Ioánnis, heute ist er unangefochten größter Produzent von Produkten aus jener exotischen Frucht: Mit über 20 Mitarbeitern verarbeitet er jährlich rund 50 t Kumquat. Längst gibt er sich nicht mehr nur mit der Destillation von Kumquat-Likören zufrieden. Er hat neue Produkte auf Basis dieser Früchte entwickelt: ein Eau de Cologne, Marmeladen, Bonbons und manches mehr. Ihm zur Hand gehen seine Söhne Gerássimos und Níkos. Níkos ist häufig im Geschäft anzutreffen, das die Familie schräg gegenüber von Korfus Hauptkirche Ágios Spirídonos betreibt. Da können Sie alle Produkte verkosten, sich ein wenig Kumquat-Duft auf die Haut sprühen und alles in angenehmer Atmosphäre schön verpackt einkaufen.

Holz ist sein Leben

20 Schritte abseits der Haupteinkaufsgasse N. Theotóki sitzt Thomás Koumarákos den ganzen Sommer über in seiner Werkstatt. **By Tom** hat er sie genannt. Seine Liebe zum Olivenholz, zum Schnitzen und Drechseln, hat er schon mit neun Jahren entdeckt. In seinem Ateliergeschäft verbringt er den Tag im Duft des gut abgelagerten Holzes zwischen Hunderten von Spezialwerkzeugen, deutschen Qualitätsmaschinen und einem wahren Sammelsurium seiner vielfältigen Arbeiten. Tom fertigt Gebrauchsgegenstände wie Schüsseln, Salatbestecke und Frühstücksbretter, aber auch Schlüsselanhänger, Figuren und Skulp-

---

INFOS/ÖFFNUNGSZEITEN
Vassilákis & Sons:
Odós Spirídonos 61,
tgl. 10–22 Uhr
By Tom: 3i Parodós
N. Theotóki (Zugang durch die Gasse zwischen den Häusern N. Theotóki 81 und 83),
tgl. 10–20 Uhr
Albatros: Odós Paleológou 43, tgl.
10–22 Uhr
Patisserie Susi:
Odós Paleológou 71,
tgl. 10–22 Uhr

EINKEHR ZWISCHENDURCH
Künstler und Kunstsinnige treffen sich gern im **Kulturcafé Plous** ❶ (Odós N. Theotóki 91, fb: Plousbibliopoliocafe, tgl. 10.30–23 Uhr). Da trinken Sie Ihren Kaffee zwischen Büchern, alten Fotos und DVDs bei guter griechischer Musik.

turen. Gern nimmt er Aufträge von Kunden entgegen (»Je schwerer die Aufgabe, desto lieber«) und arbeitet nach deren eigenen Vorstellungen schnell und günstig.

Sandalen und Süßes

Im ehemaligen Judenviertel, das die Korfioten *Evraiki* nennen, steht Mary von morgens bis abends in ihrem Schuhgeschäft **Albatros**. Nichts hier kommt aus Fernost. Was sich in den Regalen türmt, ist das Ergebnis winterlichen Fleißes von Mary und ihrem Ehemann Jánnis. Ihre Spezialität sind reich verzierte Sandalen mit fantasievollen Applikationen, Jánnis ist für einfachere Varianten zuständig.

Nur ein paar Schritte weiter backt Rosa Susi in ihrer **Patisserie Susi** aus Leidenschaft bevorzugt Süßes für Veganer und Diabetiker. Ihre Eltern haben den Holocaust überlebt, heute ist sie eine der wenigen Griechinnen jüdischen Glaubens. Über 80 Varianten größtenteils auch als Mitbringsel geeigneten Gebäcks stehen zur Auswahl und können bei der temperamentvollen, etwas Deutsch sprechenden Dame vor dem Kauf verkostet werden. Rezepturen allerdings rückt sie nicht heraus.

Für 1 Liter Kumquat-Likör sind etwa 2 kg Früchte notwendig. Geerntet werden sie zwischen Dezember und April vor allem im Norden der Insel.

Faltplan: E 5 | Cityplan S. 18/19

Kérkira und Umgebung ▶ Kérkira

Stöbern & entdecken

Kunsthandwerk und alles, was Urlauber normalerweise interessiert, finden Sie in der Altstadt. Die Haupteinkaufsstraße der Einheimischen ist die Odós Th. Voulgaréos zwischen Altstadt und Platía Sarocco sowie deren Nebenstraßen.

Alles Kumquat
Destillerie Vassilákis & Sons 1
▶ S. 38

Alles Olive
By Tom 2
▶ S. 38

Alles Sandale
Albatros 3
▶ S. 39

Alles süß
Patisserie Susi 4
▶ S. 39

CHILL-OUT ÜBER DEN DÄCHERN

Im **Cavalieri Roof Garden** 2 auf dem Dach des gleichnamigen Hotels nehmen Sie am besten schon kurz vor Sonnenuntergang Platz. Dann schwingen sich Hunderte von Mauerseglern durch die Lüfte, suchen Spatzen ihre Schlafplätze, treten die Berge des gegenüberliegenden Festlandes aus ihrem täglichen Einheitsgrau heraus. Die Lichter gehen an und werfen ein milderes Licht auf blätternde Fassaden, machen schön, was alt ist. Die Kammlinie der korfiotischen Berge und Hügel ist nahezu auf voller Länge nachverfolgbar, die Lichter des Flughafens sind gut zu sehen. Ein i-Tüpfelchen setzen die Lichtpaläste auslaufender Kreuzfahrtschiffe.
Odós Kapodistríou 4, tgl. ab 18.30 Uhr, T 26610 390 41, www.cavalieri-hotel.com

---

Bei uns eher verpönt, auf Korfu ganz normal: Bevor man auf dem Markt Obst kauft, probiert man es. Und: Gekauft wird nicht, was billig ist, sondern was schmeckt!

Skurrile Schiffe
Kai to ploío févgei 5
›Und das Schiff fährt ab‹ lautet der Name dieser Galerie, in der drei korfiotische Künstler/Kunsthandwerker ihre Werke feilbieten. Vielleicht fährt eins dieser Schiffe ja sogar mit Ihnen nach Hause: Skurrile Schiffe in verschiedensten Farben und Größen sind eine der Spezialitäten des Ladens, in dem Sie aber auch originellen Schmuck und Modeschmuck finden.
Odós N. Theotóki 109, Mo–Sa ab 10 Uhr

Alles frisch
Wochenmarkt 6
Natürlich, Obst, Gemüse und Fisch dominieren das Angebot der Händler auf dem modernen Marktgelände. Sie finden aber auch Buddhas, die Sie als Kerze abbrennen können (40 €/kg) und kleine Café-Bars, in denen der Espresso nur 1,50 € kostet und zu Ouzo, Wein oder Bier ungefragt kleine Häppchen serviert werden.
Zwischen Odós Vlaíkou und Odós Kaváda, Mo–Sa ca. 6–14 Uhr

Historische Seifenfabrik
Patoúnis 7
In dieser 1850 gegründeten Seifenmanufaktur werden Olivenölseifen noch fast wie vor 150 Jahren hergestellt. Kostenlose, etwa 20-minütige, englischsprachige Führungen zum Thema finden Mo–Sa um 12 Uhr statt. Schön verpackt können Sie die hier produzierten Seifen im Fabrikladen erstehen.
Platía Sarocco/Odós I. Theotóki 9, www.patounis.gr, T 26610 398 06, Fabrikladen: Mo–Sa 9.30–14, Di, Do, Fr auch 18–20.30 Uhr

Kérkira und Umgebung ▶ Kérkira

 Wenn die Nacht beginnt

Die Disco-Meile beginnt am neuen Fährhafen und reicht bis zur Nationalstraße am Stadtrand, erstreckt sich also über einen Kilometer lang entlang der Küstenstraße. Kleine Bars und Lounges sind über die Altstadt verteilt, auch vor Mitternacht ist für Langeweile kein Platz.

Ganz versteckt
ArtHaus Café Wine Bar
Nur ein paar Schritte von einer der Hauptgassen der Altstadt entfernt und doch ganz versteckt, ist die kleine Weinbar ein guter Treff für ruhige Gespräche. Korfioten bestellen zum Glas Wein (5–6 €) einen Käse- oder Salamiteller, Süßmäulchen ordern eine heiße Schokolade mit Marshmallows und Sahne. Auf dem Weg zur Toilette im Obergeschoss lohnt ein Blick auf die zahlreichen Ölgemälde an den Wänden. Der Inhaber selbst hat sie geschaffen.

1i Parodós Ágios Spirídonos, T 26110 337 40, Mo–Sa ab 9 Uhr

Exotik unter Festungsmauern
La Tabernita
Lust auf Tequila, Frozen Margaritas oder Mojitos? Zum mexikanischen Restaurant gehört auch eine Tequila-Bar. Sie sitzen kunterbunt auf verschiedenen lauschigen Terrassen im Grünen unter Bäumen, haben die Mauern der venezianischen Festung hinter sich und Latin Music im Ohr.

Odós Solomoú 31, tgl. ab 19 Uhr, T 26610 423 28, www.latabernita.gr

Leichte Brise
Imabári Seaside Lounge Bar
Schöner können Sie in der Stadt wohl kaum den Abend direkt am Wasser genießen. Vorbeifahrende Fähren und Boote sorgen für leichte Brandung, Abendschwimmer drehen ihre Runde vor ankernden Jachten. Die Alte Festung gegenüber wird angestrahlt, die Son-

Ziemlich verlockend sind die süß duftenden Äpfel, knackigen Kirschen und all das übrige junge Gemüse an den Obstständen in Kérkira. Wer wird da widerstehen und sich nicht ein paar prall gefüllte Tüten auf den Arm laden?

Kérkira und Umgebung ▶ Kérkira

Viermal im Jahr muss er los: Dann wird der Inselheilige Spirídonos in seinem Sarkophag durch die Straßen der Altstadt getragen. Wer dabei ist, gilt als gesegnet.

nenliegen können zum Chillen genutzt werden. Die Cocktails (8–15 €) sind jeden Versuch wert, auf einer kleinen Speisekarte stehen kreative Snacks mit korfiotischen Elementen.
Falirákí, T 26611 003 40, tgl. 9–2 Uhr

🏊 Sport & Aktivitäten

Zum Wassersport fahren die Korfioten an die nahen Strände außerhalb. Für ein Bad zwischendurch genügen die beiden kleinen, gut durchorganisierten Strandbäder der Stadt. Geritten wird ebenfalls außerhalb. In der Stadt ziehen buntgeschmückte Pferde Fiaker – freilich zu Preisen, die sich nur Fremde leisten können.

Gut organisiert
Baden
In den beiden Strandbädern gibt es Umkleidekabinen und Duschen, der Einstieg ins Meer ist sowohl für Senioren als auch für Kleinkinder einfach zu bewerkstelligen. Eine Beach Bar – keine Frage – darf in den Strandbädern natürlich auch nicht fehlen.

Strandbad Falirákí ❶
Modern und mit chilliger Beach Bar. Sonnenschirme und -liegen kostenlos, wenn Sie etwas verzehren.
Falirákí, erreichbar von der Küstenstraße zwischen Altem Hafen und Altem Palast, tgl. von 8–2 Uhr, freier Eintritt

Strandbad Mon Repos ❷
Noch der Modernisierung harrend, Eintritt 1,50 €, dafür Nutzung aller Einrichtungen. Eher konventionelle Strandbar.
Garítsa, am äußersten östlichen Ende der bebauten Küste, tgl. 8–20 Uhr

Abgas-Romantik
Kutschfahrten ❸
Die Einspänner fahren einmal rund um die Altstadt, bis zu fünf Personen haben Platz und zahlen zusammen 40 € für 30 Minuten.
Abfahrt an der Esplanade gleich gegenüber vom Eingang zur Alten Festung, tgl. ca. 9–22 Uhr

.... **INFOS** ....

Tourist-Information: Fehlanzeige. Es fehlt das Geld.

Kérkira und Umgebung ▶ Kérkira

Stadtbusse: Alle Stadtbusse (Blue Bus) fahren von der Platía Sarocco und seiner näheren Umgebung ab. Tickets kaufen Sie am Schalter der Busgesellschaft am Sarocco-Platz (T 26610 321 58) oder an Kiosken in der Nähe der Haltestellen. Die Stadtbusse fahren auch entlang der Küste bis nach Benítses im Süden und Dassía im Norden sowie zu den Binnenorten Ágios Ioánnis und Pélekas, zum Achíllion und rund um die Kanóni-Halbinsel.
Fahrplanauskünfte: www.astikoktel kerkyras.gr.
Fernbusse: Fernbusse verbinden die Stadt Korfu mit allen größeren Inseldörfern sowie 4–5 x tgl. mit Athen, 2 x tgl. mit Ioánnina und Thessaloníki sowie 1 x tgl. mit Kalambáka an den Metéora-Klöstern. Alle fahren am neuen Fernbusbahnhof an der Umgehungsstraße (Lefkímis Ethnikí Odós 13) nahe dem Flughafen ab. Die Stadtbuslinie 15 verbindet den Flughafen, den Fährhafen und die Platía Sarocco mindestens stündlich mit dem Fernbusbahnhof.
Fahrplanauskünfte: T 26610 289 00, www.greenbuses.gr.

TERMINE

Wie überall in Griechenland werden Veranstaltungen und Festivals erst sehr kurzfristig angekündigt und plakatiert. Wer kann schließlich schon wissen, was in zwei Monaten ist. Da hilft nur eins: Augen auf und auf Aushänge achten (wobei die meist nur auf Griechisch sind). Fixe Termine serviert nur die orthodoxe Kirche mit ihrem Festtagskalender.

Klein-Venedig
Karneval
Venedig lässt grüßen. Anders als in stärker osmanisch geprägten Teilen Griechenlands, wo der dionysisch-orgiastische Aspekt des Karnevals deutlich in Erscheinung tritt, orientiert man sich auf Korfu eher an der Kostümierfreudigkeit von Venedig und Mainz, organisiert Umzüge á la Köln und Düsseldorf. Die finden an den letzten drei Sonntagen vor dem Rosenmontag statt. Als Zuschauer gehen Sie am besten auf die Esplanade.
Termine: Rosenmontag 2020 am 2. März, 2021 am 15. März

Todernst
Karfreitag
Morgens schmücken vor allem Frauen in den Kirchen das symbolische Grab Christi, den Epitaph, mit Blumen. Von fast jeder Kirche aus wird es später am Tage in feierlicher Prozession durch die umliegenden Gassen getragen. Damit es kein Gedränge gibt, hat man die Prozessionen angesichts der vielen Kirchen zeitlich gestaffelt, Beginn zwischen 14 und 21 Uhr. Um 22 Uhr besteht dann wieder die Möglichkeit zur Teilnahme an der bischöflichen Prozession, die von der orthodoxen Mitrópolis am Alten Hafen zur Esplanade und wieder zurück führt.
Termine: 2019 am 26. April, 2020 am 17. April, 2021 am 30. April

Ganz schön durchgeknallt
Ostersamstag
Das gibt es nur auf Korfu: Schon morgens um 6 Uhr beginnen die Gottesdienste. Danach nimmt halb Korfu – wenn möglich in irgendeiner Uniform – an der großen Spiridónos-Prozession teil, bei der auch die Symphonieorchester der Inselhauptstadt spielend mitmarschieren. Gegen 11 Uhr drehen die Korfioten dann scheinbar durch: Aus Fenstern, von Dächern und Balkonen werden massenhaft mit Wasser gefüllte Tonkrüge geworfen – als Symbol für den Sieg des Lebens über den Tod.
Abends um 23 Uhr geht es dann wieder – möglichst feingemacht – in die Kirche zum Auferstehungsgottesdienst. Gegen Mitternacht wird die Auferstehung verkündet. Alle mitgebrachten Kerzen werden entzündet, die der Kinder sind meist mit Walt-Disney- oder Star-Wars-Figuren verziert.
Termine: 2019 am 27. April, 2020 am 18. April, 2021 am 1. Mai

Unbekannter Nachbar – **Ausflug nach Albanien**

Albaner haben es nicht leicht. Oft haben sie mit Vorurteilen zu kämpfen. Für die meisten Europäer steht Albanien trotz guter Strände und niedriger Preise nicht auf der Liste der möglichen Urlaubsziele. Vielleicht korrigiert ein Ausflug ins Reich der Skipetaren Ihr Bild von dem Land, das nur 30 Bootsminuten von Kérkira entfernt ist.

Albanien wurde zwischen 1945 und 1985 von Enver Hoxha regiert, einem der grausamsten kommunistischen Diktatoren des letzten Jahrhunderts. Den ursprünglich mehrheitlich islamischen, den im Landessüden aber auch lebenden griechisch-orthodoxen Albanern war es bei Androhung der Todesstrafe untersagt, sich zu einer Religion zu bekennen.

Erst im Zuge des allgemeinen Zusammenbruchs der sozialistischen Staatenwelt setzte nach 1990 ein Wandel ein, der nach zehn wirren und von vielen Toten überschatteten Jahren schließlich zum Aufbau einer parlamentarischen Republik führte. Schließlich wurde Albanien 2009 sogar in die Nato aufgenommen, hofft jetzt auf einen baldigen EU-Beitritt. Heute wetteifern in allen Dörfern und Städtchen Süd-Albaniens wieder Moslems und orthodoxe Christen mit teils dubioser Unterstützung aus dem Ausland um das eindrucksvollere Gotteshaus. Trotzdem stehen neue Kirchen und Moscheen meistens leer.

Bei Tag und Nacht unterwegs: die Italien-Fähren

Eine Stadt als Tresor

Dem Norden Korfus gegenüber steigen die Hochhäuser von **Sarande** 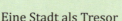 – das die Griechen Agii Saranda nennen – wie eine Chimäre aus dem Meer. Die Kleinstadt war bis 1990 wegen ihrer Nähe zu Griechenland für die meisten Albaner unbetretbar. Nur Parteibonzen auf Urlaub flanierten über die Promenade. Heute steuern Touristen von Korfu Sarande als Ausflugsziel an, Griechen fahren hinüber, um preiswert einzukaufen. In den

Ausflug nach Albanien #6

letzten 25 Jahren hat Sarande (35 000 gemeldete Einwohner) einen Bauboom erlebt. Sieben- und achtgeschossige Hochhäuser ragen an teilweise noch nicht asphaltierten Straßen auf. Albaner, die im Ausland leben, haben dort Wohnungen als Geldanlage gekauft, nutzen die Stadt quasi als Tresor für ihr Erspartes. Abends brennt hinter den Fenstern ganzer Wohnblocks oft kein einziges Licht, denn über die Hälfte der gemeldeten Einwohner lebt nicht in der Stadt, kommt nur in den Ferien oder plant, im Alter dort zu residieren.

Am besten spazieren Sie nach Ihrer Ankunft über die schön gestaltete Uferpromenade nach rechts bis zur Marina. Beim Hotel Porto Eda links

---

INFOS

Organisierte Ausflüge: Tagesausflüge von Korfu mit Besichtigungstour nach Butrint bieten die meisten Reiseveranstalter an (ca. 75 € inkl. Führung und Mittagessen). Sie können auch direkt bei der Schifffahrtslinie Ionian Cruises (s. u.) gebucht werden.

Selbst organisiert: Fährverbindung ab dem Kreuzfahrt-Terminal Mai–Mitte Okt. tgl. 9 Uhr mit dem Tragflügelboot (30 Min.) oder Di–So um 9 Uhr mit der Fähre (75 Min.). Rückfahrt von Sarande um 10.30 Uhr mit dem Tragflügelboot, um 16.15 Uhr mit der Fähre. Fahrpreis im Sommer hin/zurück 48, sonst 38 €. Im Winter eingeschränkter Fahrplan. Tickets bei Ionian Cruises – Petrakis Lines (Ethn. Antistaseos 4, T 26610 386 90, www.ionian-cruises.com) und am Fahrkartenschalter der Reederei an der Einfahrt zum Neuen Hafen.

Einreise: Für EU-Bürger und Schweizer genügt ein gültiger Personalausweis.

Geld und Uhrzeit: Die Währung Albaniens ist der Lek (1 € = 125 Lek). Euro werden überall akzeptiert, das Wechselgeld erhalten Sie manchmal nur in Lek. In Albanien gilt die MEZ, dort ist es also stets eine Stunde früher als auf Korfu.

IN SARANDE ESSEN…

Das **I Shqipones** an der Uferpromenade tischt leckere südalbanische Spezialitäten auf (tgl. ab 11 Uhr, Hauptgerichte 7–10 €) und im **Limani** an der Marina schmecken Pizza und Fisch (tgl. ab 9 Uhr, Hauptgerichte 8–10 €).

#6 Ausflug nach Albanien

Straßenverkauf Sarande: Da fragt man sich, ob der Fahrer Hilfe braucht. An Vitamin-C-Mangel wird er jedenfalls nicht leiden.

die Treppen hoch, beim Postamt an der ersten Kreuzung wieder nach links abbiegen und der leicht ansteigenden Straße folgen und Sie stehen am Hauptplatz mit Park, Brunnen, Touristinformation, Taxistand und der Ruine einer frühchristlichen Basilika. Jetzt wird schnell klar, dass Sie hier ebenso sicher sind wie auf Korfu oder zu Hause, dass man Albanien also durchaus bereisen kann.

Finden, was auf Korfu fehlt – das antike Butrint

Eindrucksvolle Ausgrabungen antiker Bauten sind auf Korfu Fehlanzeige. Wer genau das sucht, findet die nächstgelegene archäologische Stätte hier bei Sarande. Mit Taxi oder Ausflugsbus können Sie sich ins antike **Butrint** 2 fahren lassen. Sobald Sie das engere Stadtgebiet hinter sich gelassen haben, ziehen am Fenster viele Baustellen, halbfertigen Baugerippe und eingestürzte Bauruinen vorbei. Die Straße streift den landschaftlich reizvollen See von Butrint mit seinen Fischzuchtbetrieben und Muschelbänken und erreicht dann wieder die Küste, wo Griechenland und Albanien fast zusammen gewachsen erscheinen. 24 km südlich von Sarande erreichen Sie dann das UNESCO-Weltkulturerbe.

Ausflug nach Albanien #6

Hinter dem Eingangstor zum Ausgrabungsgelände eröffnet sich Ihnen ein schattiger Park, in dem der Weg zunächst durch eine Eukalyptusallee führt. Alles Wichtige wird auf von der EU finanzierten Tafeln gut verständlich auf Englisch erklärt, Grundrisse und Rekonstruktionszeichnungen helfen die Ruinen zu verstehen. Höhepunkte sind das römische Theater, verschiedene gut erhaltene Stadttore aus unterschiedlichen Epochen, teils in voller Höhe erhaltene Stadtmauern, ein rundes Baptisterium aus dem 5. Jh. samt schöner Mosaike und die bis zur Höhe des Dachansatzes erhaltenen Mauern einer Basilika aus dem 6. Jh. Nach dem etwa einstündigen Rundgang die Gewissheit: Auch Albanien ist eine Reise wert!

▶ **LESESTOFF**

Vom Leben im kommunistischen Albanien erzählt Bessa Myftiu in ihrem Roman **An verschwundenen Orten** (dtv).

INFOS BUTRINT

Ausgrabungsstätte: Von Sarande nach Butrint Taxi hin und zurück inkl. Wartezeit in Butrint ca. 40 €, Eintritt Butrint ca. 4 €

Faltplan: Sarande außerhalb G 1, Butrint G 2

Kérkira und Umgebung ▶ Kérkira

Ostern im Zeichen der Globalisierung. Der Hase jedenfalls scheint sich über seine Auslandsreise zu freuen.

Schaurig oder schön?
Ostersonntag
Der Ostersonntag gehört der Familie und Freunden. Überall in den Dörfern und auch in städtischen Vorgärten drehen sich ganze Lämmer am Spieß – manchmal bis zu 20 in einer Reihe. Manche Urlauber mögen den Anblick nicht, manche das Lammfleisch nicht. Die Korfioten geraten bei beidem fast in Ekstase.
Termine: 2019 am 28. April, 2020 am 19. April, 2021 am 2. Mai

Mit großem Brimborium
Prozessionen
Viermal jährlich wird der Sarkophag mit dem Leichnam des Inselheiligen in feierlicher Prozession durch die Straßen der Stadt getragen, damit der von ihm ausgehende Segen möglichst viele Menschen und Häuser erreicht. Bischöfe und viele andere Geistliche, Militär, Feuerwehr, Polizei, Pfadfinder und Musikkapellen begleiten ihn dabei.
Termine: Sonntag vor Ostern, Ostersamstag, 11. August, 1. Sonntag im November

IN DER UMGEBUNG

Sisis Paradies
Achíllion und Gastoúri
(📖 E 6) ▶ S. 50

Kann, muss aber nicht
Auch deutsche Reiseveranstalter schicken Gäste nach **Benítses** (📖 E 6), in den Ort ohne nennenswerten Strand und mit einem ehemaligen Fischerhafen, der als Anhängsel eines Großparkplatzes erscheint. Kritiker meinen, der Bus in die Stadt sei das Beste an Benítses. Trotzdem: Bitte nicht umbuchen. Wie in jedem griechischen Ort wird man, wenn man schon einmal da ist, auch Nettes finden und sich irgendwie arrangieren. Und wenn man ohnehin dort wohnt, kann man sich ja auch die kümmerlichen Ruinen eines römischen Thermalbades anschauen, die als ›Roman Bath‹ stolz ausgeschildert sind.

Napoleon war Muschelsammler. Am nördlichen Ortsende von Benítses betreibt er jetzt das Shell Museum und führt Besucher oft selbst durch seine Wunderwelt der Muschelschalen und Schneckengehäuse. Sagiás ist sein Nachname (tgl. 10–18 Uhr).

Namedropping
Unmittelbar nördlich der Inselhauptstadt macht gut Urlaub, wer pauschal buchen und stadtnah wohnen möchte. **Kontókali** (📖 D 4) zeigt sich auf der kleinen Toúrka-Halbinsel von seiner besten Seite. Halten Sie sich an der Straßengabelung vor dem Großhotel Kontókali Bay links, kommen Sie zu ein paar Fischerhäusern aus dem 18. und 19. Jh. an der Bucht von Gouviá. Die wird heute als Korfus größte Marina genutzt. Kurz vor den Fischerhäusern steht die schlichte, aber sehr gepflegte

Kérkira und Umgebung ▶ Kérkira

Dachlos und ohne Funktion – die venezianischen Werfthallen von Gouviá. Macht nicht's, in Anbetracht fehlender Tempel sind auch diese Gemäuer schon ein bedeutendes historisches Monument.

Fischtaverne Roúla am Wasser: Hier speist schon seit drei Jahrzehnten Prominenz aus aller Welt. Michail Gorbatschow und Nana Mouskouri ließen es sich schon schmecken (T 26610 918 32, fb: roula.fishtaverna, tgl. ab 13 Uhr).

Erst Galeeren, jetzt Jachten

Gouviá (D 4) lebt gut von seiner großen Marina, die fast 1000 Segel- und Motorjachten sichere Liegeplätze bietet. Sehr viel kleiner waren die Schiffshallen der Venezianer, deren Ruinen zwischen Marina und Badestrand nahe dem Wasser stehen (ausgeschildert mit ›Venetian Shipyards‹, frei zugänglich). Von der Konstruktion aus dem 18. Jh. sind noch 15 gemauerte Bögen und das Eingangsportal von 1778 erhalten. Hier wurden venezianische Schiffe gebaut, repariert und im Winter gelagert. Am schönsten ist der Anblick im Frühjahr, wenn Wildblumen zwischen den alten Steinen erblühen. Die Strände hier sind wie in allen Badeorten nördlich von Kérkira grobsandig bis kieselig, auch hier bieten die Großhotels ihren Gästen grüne Liegewiesen und riesige Pool-Areas.

Ganz in Weiß

Im Band der Touristenzentren zwischen Kontókali und Dassiá wirkt das auf der Komméno-Halbinsel gelegene **Dafníla** (D 4) wie eine Oase. Die Hotels hier fügen sich besser in die hügelige, dicht mit Olivenbäumen bestandene Landschaft, ein Dorfkern fehlt ebenso wie eine Geschäfts- und Restaurantmeile. Was bleibt, ist viel Raum für Spaziergänge durch schöne Natur. Auch Rundreisende von anderswo sollten an der kleinen Ipapánti-Kirche stoppen: Hier stehen sie vor dem kaum bekannten Gegenstück der viel fotografierten Klosterinsel Vlachérna vor Kanóni. Nur

NOCH WAS

Am 2. Februar und 17. Juli können Sie auch als nicht geladener Gast an der Kirche essen und trinken. Nach dem morgendlichen Gottesdienst feiern hier die Kirchgänger gemeinsam Kirchweihfeste.

Kaiserliche Träume – das Achíllion

Sind wir alle Monarchisten? Oder warum sonst werden Schlösser und Paläste so gern und völlig unkritisch besucht? Auch das Achíllion ist fraglos der Besuchermagnet der Insel – sehr schön gelegen, aber kunsthistorisch völlig belanglos. Zumindest dient es jetzt dem griechischen Volk, beschert es Gemeinde und Staat doch erhebliche Einnahmen.

Auch Monarchen träumen. Und haben im Säckel meist das Geld, ihre Träume umzusetzen. Das Achíllion ist ein zu Stein gewordener Traum zweier charakterlich ganz verschiedener Deutscher: der Wittelsbacherin Elisabeth, bekannt durch die Sissi-Filme, und des Hohenzollern Wilhelm II., der bis 1918 deutscher Kaiser war. Elisabeth besuchte Korfu 1861 und dann wieder 1877. Aber erst im Herbst 1888 beschloss sie, die Villa eines korfiotischen Diplomaten zu kaufen und auf dem Gelände ein Sommerschloss im pompejanischen Stil errichten zu lassen. Bis zu ihrer Ermordung in Genf 1898 zog es sie immer wieder hierher. Dann war das Achíllion jahrelang verwaist, bis es 1907 der deutsche Kaiser kaufte, der Korfu 1889 erstmals besucht hatte. Von 1908 bis 1914 verbrachte er sechsmal seinen Osterurlaub hier – insgesamt über 160 Tage.

Sie betreten zunächst die Empfangshalle. Auf dem Deckengemälde tummeln sich Allegorien der vier Jahreszeiten. Der tanzende Mädchenreigen ganz oben symbolisiert den Frühling, die vier Putten mit den Muscheln stehen für den Sommer. Den Herbst vertreten Frauen und Kinder mit Weinblättern und Trauben, für den Winter stehen die Feuer entfachenden Frauen in dunklen Gewändern.

Rechts vom Eingang ließ sich Elisabeth eine Kapelle weihen. Hier zeigt das Gemälde ›Stella del Mare‹ das Schiff ›Miramare‹, mit dem die Kaiserin zu reisen pflegte. In den beiden sich auf der gleichen Hallenseite anschließenden Räumen sind Objekte aus dem Besitz der beiden Majestä-

Zur Enthüllung seiner Achilles-Statue lud Wilhelm II. auch die Dorfbevölkerung ein. Sie hielt sie für die Skulptur eines protestantischen Heiligen.

Armer Achill: Da hat Mama Thetis beim Bad im Wasser der Unsterblichkeit nicht gut genug aufgepasst!

ten ausgestellt. Lächerlicher Clou ist der Schreibtischstuhl des Preußen: Er hat die Form eines Pferdesattels – wahrhaft zum Wiehern!

Zweimal Achill

Beide Majestäten schwärmten von Philosophen und Dichtern. Wie eine Ehrengalerie wirken die Büsten von zwölf antiken Weisheitsfreunden, Rednern und Poeten auf der Gartenterrasse. Als dreizehnter durfte sich aus nicht überlieferten Gründen William Shakespeare zu ihnen gesellen.

Von der Terrasse aus schweift der Blick weit bis zum Pantokrátoras und bis zum Festland. Dauerhaft genießen darf ihn die Bronzestatue des »Siegreichen Achill«, die Wilhelm II. aufstellen ließ. Sie zeigt den Helden mit Rüstung, Helm und Speer; auf seinem Schild prunkt das Haupt der Medusa, der Sie vielleicht schon im Archäologischen Museum in der Stadt begegnet sind.

Die oft melancholische Elisabeth hatte den gleichen Heroen verehrt und ihm auch eine Statue im Park gewidmet, keine heldenhafte, sondern den »Sterbenden Achill«. Sie erinnern sich: Ein vergifteter Pfeil hatte ihn an der sprichwörtlich gewordenen ›Achilles-Ferse‹ getroffen. Seine Mutter Thetis hatte ihn als Knaben ins Wasser der Unsterblichkeit tauchen lassen. Dabei wurde er jedoch an der Ferse festgehalten, die das Wunderwasser so nicht benetzen konnte. Die einzig verwundbare Stelle an seinem Körper wurde ihm denn auch zum Verhängnis.

Faltplan: E 6

INFOS/ÖFFNUNGSZEITEN
Achillion: www.achillion-corfu.gr, Juni–Sept. tgl. 8–20, sonst tgl. 9–16 Uhr, Eintritt 8 €
Anfahrt: Stadtbuslinie 10 ab Platía Sarocco (Ódos Mitr. Méthodiou 11) mehrmals tgl. Parkplätze meist gebührenpflichtig.

KLEINE ERFRISCHUNG
Im **Café der Destillerie Vassilákis** gegenüber vom Eingang zum Schloss ist auch die typisch korfiotische Zitronenlimonade *tzizimbíra* erhältlich!

Kérkira und Umgebung ▶ Dassía

Roman Abramowitsch (geb. 1966) sammelt Luxusjachten. Die meisten lässt er in Hamburg oder Bremen bauen. 2010 lief an der Weser die 115 m lange ›Luna‹ vom Stapel, mit 20-m-Außenpool, Mini-U-Boot und acht Tenderbooten an Bord; Kosten: schlappe 400 Mio. Euro. 2017 wurde für ihn in Bremen eine noch größere neue Jacht auf Kiel gelegt. Geplante Bauzeit: 3 Jahre.

ein kurzer Damm trennt Sie von dem romantischen Ort, an dem Sitzbänke, Mittagsblumen, Palmen, Agaven und Kakteen das Gotteshaus aus dem Jahr 1713 rahmen. Wen wundert's, dass hier auch gerne geheiratet wird! Der Priester dieser ansonsten meist verschlossenen Kirche erlaubt sogar den Aufbau eines Hochzeitsfestplatzes direkt um die Kirche herum. Bevorzugter Wochentag fürs gegenseitige Jawort ist auch hier der Samstag.

Dassía D 4

Der letzte Ort an der Stadtbuslinie 7 nach Norden in die Badeorte ist mein persönlicher Favorit. Mindestens zwei Nächte im Jahr muss ich in Dassía verbringen. Das Besondere an dieser Küstensiedlung? Hier steht ein Hotel, das den Namen Dassia Beach im Gegensatz zu vielen anderen Beach Hotels europaweit wirklich verdient hat! Und preisgünstig ist es dazu.

Der Strand selbst ist schmal und kieselig, Badeschuhe sind ratsam. Weiter weg vom Wasser stehen zwar noch drei große Hotels, doch die sind hervorragend in die Landschaft eingepasst und fallen kaum auf. Im Norden wird die Bucht durch eine grüne, niedrige Halbinsel begrenzt, die einmal ein naturnahes, jetzt verfallenes Feriendorf des Club Mediterranée trug. Das Gelände ist für Besucher gesperrt, aber vom Wasser aus zugänglich. Im Süden der Bucht ragt die Dafníla-Halbinsel mit ihren Hotels ins Blau, davor liegen meist mehrere kleine Luxusjachten: die Beiboote der Megajachten des Herrn Roman Abramowitsch und seiner Freunde. Der russische Milliardär hat dort seiner Sammlung von Feriendomizilen ein altes und jetzt auch luxuriöses Landgut zugefügt.

Zurück zu uns Normalos: Für uns wurden am Strand mehrere hölzerne Plattformen überm Wasser angelegt. Auf ihnen können wir uns sonnen und über Leitern ins tiefere Wasser gelangen. Wassersportstationen bieten auch Fallschirmsegeln (Parachuting) an, ein ortseigenes Boot unternimmt Ausflüge in die Stadt und nach Kassiópi. Zwischen Strandtavernen, Beach Bars und Meer stört keine Straße, eine zweite kleine Gastroszene findet sich fünf Gehminuten entfernt entlang der Hauptstraße. Da gibt es auch den besten Mountainbikeverleih der Insel und etwas weiter landeinwärts kürten Gastrokritiker das beste Restaurant ganz Griechenlands. Bei so vielen Pluspunkten kann man vergessen, dass der Ort selbst eigentlich gar keiner ist – im Winter leben hier nur ein paar Dutzend Menschen, dann stillt allein eine einfache Imbissbude Hunger und Durst.

🏠 Mit Meeresrauschen
Dassía Beach
Vom Hotelausgang bis ins Meer sind es zwölf Schritte, bei offenem Fenster hört man nachts die sanfte Brandung so intensiv, als läge man im Schlafsack unterm Sternenhimmel. Den Raum zwischen Hotelausgang und Wasser nimmt größtenteils die ganz traditionelle Hoteltaverne ein, vor der Sonne durch ein dichtes Blätterdach geschützt. Auch Nicht-Hotelgäste sind willkommen. Alles ist ganz leger, abendliche Piano-Musik muss niemand befürchten.
54 Zi., T 26610 932 24, www.dassiahotels.gr, DZ 40–60 €, Restaurant tgl. ab 8 Uhr

Kérkira und Umgebung ▶ Dassía

🍴 Unterm Nussbaum
Karidiá
Genug vom Meerblick? In dieser modernen Taverne sitzen Sie unterm Walnussbaum. Besonders gut: das Lamm im Tontopf (12 €).
Östlich unterhalb der Hauptstraße, tgl. ab 17 Uhr, Hauptgerichte 8–13 €

🍴 Super-Ranking
Etrusco
Seit Beginn des Jahrtausends gilt das feine Restaurant als eins der besten – wenn nicht gar als allerbestes – im ganzen Land. Inhaber Éktoras Botríni hat bei einigen der besten Michelin-Köche Europas gelernt. Seine Küche ist französisch-italienisch, eben mediterran geprägt.
Nach 500 m an der Straße von Dassía nach Káto Korakianá, an der Nationalstraße ausgeschildert, T 26610 933 42, https://etrusco.gr, tgl. ab 20 Uhr, Hauptgerichte ab 20 €, 3-Gang-Menü mit Wein ca. 70–100 €

☼ Chillen und Chatten
Tartaya
Der ideale Platz zum Chillen unter Palmen und Chatten an der langen Bar. Am Wochenende, wenn die jungen Griechen kommen, wird die Lounge Bar nach Mitternacht auch oft zur Disco. Auch mal einen Versuch wert: die ›local cocktails‹ auf der Basis von Ouzo oder Kumquat.
Östlich unterhalb der Hauptstraße im Ortszentrum, tgl. ab 18 Uhr

☼ Zum Abrocken
Edem Beach Nightclub
Nach Mitternacht geht es hier hoch her – oft auch bei Live-Konzerten. Aushänge beachten!
Im nördlichen Strandbereich, T 26610 930 13, www.edemclub.com, tgl. 23–6 Uhr

🚲 In die Pedale!
Corfu Mountainbike Shop
Die bereits 1993 gegründete griechisch-niederländische Firma verleiht MTB und bietet außerdem zahlreiche geführte Touren in unterschiedlichen Schwierigkeitsgraden an. Von 33 bis zu 60 km am Tag sind dann meist drin; Asphaltstraßen werden weitgehend vermieden. Bei einer Mietdauer ab drei Tagen ist die Übernahme der Räder auch schon am Flughafen möglich.
T 26610 933 44, www.mountainbikecorfu.gr

Da lacht nicht nur der Fallschirm. Spätestens nach geglückter Landung freut sich auch jeder Parasailer über seinen Rundflug im Schlepp eines Motorboots.

Korfus Norden

Die Landschaft im Inselnorden ist atemberaubend, was an ihrer Schönheit liegt und an ihrem ständigen Auf und Ab. Aus der in Olivgrün gekleideten, stark bewegten Hügellandschaft ragt der über 900 m hohe Pantokrátoras hervor. Der Name leitet sich zwar vom dem metaphysischen ›Allesbeherrscher‹ geweihten Gipfelkloster ab, ist aber auch im physischen Sinn treffend. Dort oben liegt Ihnen ganz Korfu zu Füßen. Sie blicken zu den Diapontischen Inseln, nach Albanien und zum griechischen Festland hinüber, sichten Schiffe, die über den Horizont hinaus wollen.

Korfus Norden ▶ Kassiópi

Der Norden Korfus bietet großes Theater, jedenfalls was die Kulisse angeht. Ständig wechselt das Bühnenbild. Uralte Olivenwälder mit knorrigen Stämmen und silbrig-grün glänzenden Blättern schließen den Vorhang und gleich darauf entfaltet sich von der nächsten Hügelkuppe oder Passhöhe aus eine neue Szenerie. Die Küsten spielen fleißig mit. Unterm Skywalk auf den Klippen von Perouládes zieht sich ein vom Meer heftig bedrängtes, nur ganz schmales Sandband entlang, an der Bucht von Ágios Geórgios säumt es das Ufer wie eine Mondsichel. Zwischen Sidári und Kassiópi wirkt die gerade Küste fast wie ein Nordseestrand und im Osten verstecken sich viele winzige Buchten tief unterhalb der sehr kurvenreichen Straße.

Kassiópi E 1

In Kassiópi kann noch echtes Dorfgefühl aufkommen, das gibt's nur noch in wenigen Küstenorten der Insel. Hier leben auch im Winter etwa 900 Einheimische, der Ort ist eine Art Oberzentrum für Nord-Korfu. Wer genau hinschaut, entdeckt beim Dorfspaziergang etliche alte Bauelemente und den wohl lebhaftesten Dorfplatz aller korfiotischen Küstenorte überhaupt

Die letzten Fischer von Kassiópi versorgen die Tavernen mit Frischfisch.

AUGEN AUF

Erkennen Sie das – zugegeben stark stilisierte – Gotteshaus auf der Ikone der Panagía Vrefokrátoussa in der Kirche? Es ist kein anderes als das, in dem Sie gerade stehen, vor den Ruinen der Burg, aber eben im Zustand von 1670. Wieder einmal erzählt die Ikone von einem Wunder: Durch Handauflegen macht María einen blinden Knaben wieder sehend. Dessen dankbare Eltern bezahlten den Maler Theódoros Poulákis vermutlich für sein Werk.

Komfort für den Priester
Vom Hafen zur Kirche
Beginnen Sie Ihren (ohne Pausen) etwa einstündigen Spaziergang am Hafen. Heute dümpeln dort vor allem Jachten, Fischer- und Ausflugsboote im Wasser. In der Antike machten hier Schiffe vor ihrer Überfahrt nach Italien oder bei der Rückkehr von dort meist für einige Tage fest: Man wartete entweder auf ruhige See und günstige Winde oder erholte sich schlicht von der Seekrankheit. Antike Quellen bezeugen, dass hier schon berühmte Männer wie Cäsar und Cicero, der Historiker Plinius sowie die Kaiser Nero und Tiberius mehr oder minder angenehme Tage verbrachten. Zwischen Tischen und Stühlen zweier Tavernen hindurchgeschlängelt erreichen Sie die ganz nahe Kirche **Panagía tis Kassópitra**. Da kann man nur Staunen: Sie ist ein architektonisches Kuriosum, denn auf ihrem Dach thront ein kleines, zweigeschossiges Haus. Früher war dieses Zuhause des örtlichen Priesters nur über eine hölzerne Zugbrücke zugänglich, sodass es bei Piratenüberfällen einen gewissen Schutz gewährte. Die Kirche steht fast genau an der Stelle eines antiken Zeus-Tempels, über dem in frühchristlicher Zeit eine Basilika erbaut wurde.

Nachdem die Türken sie 1537 in Schutt und Asche gelegt hatten, bauten die Venezianer 1590 das heutige Gotteshaus (Kirche unregelmäßig geöffnet, meist vormittags 10–14 Uhr; Priesterhaus auf dem Dach nicht zugänglich).

EU-Mittel verschwendet?
Von der Kirche zur Burg
Unmittelbar gegenüber dem oberen Eingang zum Kirchhof führt von der Hauptstraße die Gasse Odós Chirátika an Hühnerställen und Brennholzstapeln vorbei zum Doppeltor der venezianischen Burg, die die Venezianer nach 1386 auf den Ruinen eines byzantinischen Vorläuferbaus errichteten. An den Mauern ranken sich Kapernzweige empor, im Innern ist die weitläufige Anlage prächtig verwildert. Baumwurzeln und -stämme haben die Gemäuer durchbrochen, verwilderte Olivenbäume und im Frühjahr blühende Asfodelien bilden ein grünes Dickicht, in dem sich auch Schlangen wohlfühlen. Die EU hat über 2 Mio. Euro berappt, um dieses weitläufige, wildromantische Innere der Burg mit modernen Feuerlöscheinrichtungen und einer raumgreifenden Beleuchtungsanlage auszustatten, die niemand braucht. Immerhin blieb auch ein wenig Geld über, um das historische Tor zu restaurieren (Burg tagsüber eintrittsfrei zugänglich). Trotzdem: Den meisten Einheimischen wäre eine Investition in die Modernisierung des regionalen Gesundheitszentrums deutlich lieber gewesen.

Badepause
Von der Burg zum Batería Beach
Die Burg erstreckt sich fast vollständig über eine Halbinsel im Nordwesten des Hafenbeckens, um die ein Fußweg in etwa 30 Minuten herumführt. Etwa auf der Hälfte der Strecke liegt der geschätzt 100 m lange Kiesstrand Batería Beach. Sonnenschirme und Liegen werden hier nicht nur am Strand, sondern auch unter den umliegenden Ölbäumen vermietet.

Dreh- und Angelpunkt
Vom Batería Beach zur Platía
Folgen Sie dem Weg um die Halbinsel, passieren Sie einige Luxusvillen und kommen schließlich zur **Taverne Jánis.**

SCHÖNE ORTE

Hoch über dem Meer verläuft die Straße zwischen Dassía und Kassiópi. Zwei Weiler am Meer und ein Aussichtspunkt lohnen den Stopp: der alte Fischerhafen von Nissáki, der Parkplatz kurz hinter der Abfahrt nach Kouloúra und Kalamáki sowie das Albanien von allen korfiotischen Orten am nächsten gelegene Ágios Stéfanos.
Die Atmosphäre von **Nissáki** (📕 E 3) genießen Sie am besten bei einem Stück *lemon tart* in der Taverne Mitsos (www.mitsostaverna.gr). Beim nächsten Stopp am Panorama-Parkplatz bitte Kamera zücken: Unter Ihnen liegt der kleine Bilderbuchhafen von Kouloúra. Die dazugehörige Villa, seit 1986 im Besitz einer nicht ganz armen italienischen Familie, wurde ursprünglich im 16. Jh. als befestigter Landsitz erbaut. Südlich von Kouloúra fällt Ihnen sicherlich ›The White House‹ auf, das wichtigste Gebäude von **Kalami** (📕 E 2). In dem großen weißen Bau am Strand, heute Restaurant und Pension, lebte in den 1930er-Jahren für einige Zeit der später berühmt gewordene englische Dichter und Romancier Lawrence Durrell mit Mutter und Geschwistern. Sein Bruder Gerald hat über jene Zeit ein inzwischen verfilmtes Buch geschrieben (► S. 120). Am nördlichen Ende des Strands von **Ágios Stéfanos Siniés** (📕 F 2) können Sie Ihre Seele baumeln lassen: in unglaublich schöner Kulisse auf der Terrasse der Taverne Efkálitpos (Eukalyptus) vor einer alten Olivenmühle. Die Tische stehen auch auf dem Strand.

Korfus Norden ▶ Kassiópi

Are you lonesome tonight? Muss nicht sein. Parshippen kann man auch in Korfus vielen Pubs und Beach Bars. Kostengünstiger als im Internet wird das erst einmal auch.

Immer der Straße zurück ins Dorf entlang und Sie sind nach fünf Minuten auf dem zentralen **Dorfplatz.** Der bietet alles, was einen guten Dorfplatz ausmacht: Bushaltestelle und Post, Briefkasten, Telefonzelle und Bänke, Schnellimbiss, Bars, Kafenío und Eissalon und – für die Einheimischen ganz wichtig – ein Wettbüro. Der Parkplatz ist in zwei Minuten erreicht.

🏠 Beste Lage
Kassiopi Bay
Die kleine Apartmentanlage mit fünf Zimmertypen und kleinem Pool zwischen Hafen und Batería Beach könnte nicht besser liegen.
T 26630 817 13, www.kassiopibay.com, DZ ab ca. 50 €

🏠 Erste Wahl
Melína Bay
Nachts hebt sich das bei Tageslicht hervorragend ins Ortsbild eingepasste Hotel futuristisch hervor. Da wird es in kalten Farben angestrahlt, wirkt wie eine Lichtinszenierung am Rande des Hafenbeckens. Die 22 Zimmer wurden vom italienischen Designer Alberto Artuso gestaltet, alle haben einen Balkon mit Hafenblick. Hier können auch Individualisten gut länger bleiben: zum Baden und für Touren in die Bergwelt der Insel.
Kassiópi, an der Platía am Hafen, T 26630 810 30, www.melinabay.com, DZ 80–130 €

🏠 Rückzugsort
Bella Mare
Orte interessieren Sie nur am Rande? Dann wohnen Sie hier richtig, etwa 25 Minuten vom Hafen Kassiópis entfernt an einem noch nahezu unverbauten Strand. Die Hotelanlage mit 21 Studios in drei korfiotisch anmutenden Häusern liegt im satten Grün eines weitläufigen Gartens mit Swimmingpool, der Strand beginnt direkt davor, zwei Tavernen und ein Reitstall sind in der Nähe – sonst nichts.
Avláki Beach, T 26630 819 97, www.belmare.gr, DZ ab 95 €

Korfus Norden ▶ Kassiópi

🍴 Mal ganz anders essen
Trilogía

Griechen essen *mezédes* statt Menüs. In diesem Restaurant an der Spitze der Burghalbinsel hat man die Marktlücke erkannt und setzt auf mehrgängige Menüs zu erschwinglichen Preisen (ca. 26–27 €). Einen romantischen Sonnenuntergang gibt es kostenlos dazu.

Am Rundweg um die Burghalbinsel nahe dem Batería Beach, März–Okt. tgl. 12–16 und 19–23 Uhr, T 26630 815 89, www.trilogiacorfu.com, Mittagsgerichte 8–10 €, Hauptgerichte 14–26 €

🍴 Unter Yucca-Palmen
Jánis

Musikfarbe: die Hits der 1960er- bis 1990er-Jahre und das Beste von heute. Zielgruppe: Briten der angenehmen Sorte, HP-Sauce vorhanden, Brot zum Essen nur auf ausdrücklichen Wunsch, Diätwünsche werden erfüllt. Speisekarte: sehr umfangreich. Besonderes Angebot: Der Koch bereitet Ihnen ein Mezé-Essen nach Wunsch zum aktuellen Tagespreis zu. Geschmack: ausgezeichnet. Das Schönste: Sie sitzen unter im Sommer und Herbst üppig weiß blühenden Yucca-Palmen fast unmittelbar am Meer.

Am ortsfernen Ansatz der Halbinsel nahe der Nationalstraße, T 26630 810 82, tgl. ab 12 Uhr, Hauptgerichte meist 8–14 €

🍴 Fels in der Brandung
The Old School

Old school im besten Sinne: In dieser Küche schnippelt man die Pommes wie

Haben Sie sich auch schon gewundert, warum so viele Griechen häufig internationale Fußballspiele im Fernsehen verfolgen? Die meisten finden die Sportart selbst eher langweilig. Aber es lässt sich so leicht auf einen Sieger setzen – und wetten kann man jeden Tag!

Gekleckert? Nicht schlimm! Wein zu verschütten bringt Glück. Geht's mit dem Öl daneben, ist das dagegen leider ein schlechtes Omen. So sagt jedenfalls ein korfiotisches Sprichwort.

früher selbst und kauft sie nicht tiefgefroren. Der Service ist noch immer sehr freundlich, das Essen echt griechisch und preislich normal. Versuchen Sie das *arní lemonáto*, eine Beinscheibe vom Lamm, geschmort in einer Zitronen-Kräuter-Sauce.

Am Hafen, T 26630 812 11, ganzjährig ab 9 Uhr

🍴 Super Eis
Jasmine

Wenn es einmal nicht Meer sein muss, ist dieses Café gleich an der Platía ein idealer Ort für ein gutes Eis der renommierten Marke Dodóni. Da bleibt man kühl, auch wenn die heißesten Typen vorübergehen.

Platía, T 26630 810 13, tgl. ab 9 Uhr

🍴 Bei Kochen zuschauen
Istóni

Die schlichte und recht preisgünstige Taverne bietet eher biedere Hausmannskost. Eins aber macht sie besonders: Nach Voranmeldung können Sie vormittags in der Küche beim Zubereiten der Tagesspeisen zuschauen.

An der Straße vom Parkplatz zur Platía links, T 26630 490 37

✱ Ideale Lästerbühne
Ángelos

In der schlichten Bar am Dorfplatz lümmeln sich die Gäste unter einem echt korfiotischen Vordach, ein Ort, der mit einem Glas Southern Comfort in der Hand vielleicht sogar einen Hauch Südstaaten-Romantik verströmt. Wer allein kommt, muss sich um beste Unterhaltung nicht sorgen: Fast jeder, der in Kassiópi

Korfus Norden ▶ Acharávi und Róda

seine Urlaubstage verbringt, schlendert zweimal am Abend hier vorbei. Da gibt es richtig was zu schauen und viel zu bespötteln.
Kentrikí Platía, T 26630 810 22, tgl. ab 10 Uhr, großes Faßbier 3,50 €, Cocktails 6,50 €

✿ Einfach mitmischen
Kóstas Bar
Im Sommer, während der Hochsaison tanzen der Wirt und seine Mitarbeiter den Gästen nicht nur Griechisches vor, sondern laden sie auch zum Mitmachen ein. Ob's Spaß macht, liegt an der eigenen Laune und ebenso an den Mittänzern.
An der Straße zum Hafen links, tgl. ab ca. 22 Uhr, Cocktails ca. 7–8 €

✿ Vom Pionier
Filíppos Boat Hire
Das Unternehmen ist die älteste Bootsvermietung auf Korfu. Neben vielen führerscheinfreien Booten bis zu 30 PS werden auch wahre Speedboote mit bis zu 400 PS-Motoren für eine Spritztour angeboten.
Am Hafen, T 26630 292 26, www.filippos-boats.com, 30 PS für 80–130 €/Tag, 60 PS 150–180 €/Tag plus Versicherung und Benzin

✿ Aus eigener Kraft
Batería Water Sports
Tretboote und Kanus vermietet diese kleine Station am Batería-Beach.
Einfach hingehen, Boote 10–12 €/Std.

❶ Infos und Termine
Busverbindung mit der Stadt Korfu Mo–Sa 6 x, So 1 x tgl., mit Acharávi,

An der Hauptstraße zwischen Nationalstraße und Hafen liegt rechter Hand ein gebührenpflichtiger Parkplatz. Lassen Sie Ihr Auto dort stehen – direkt am Hafen ist selten eine Parklücke zu finden!

Róda und Sidári 4 x tgl.
Mariá Entschlafung: 14./15. Aug. Kirchweihfest mit Lamm vom Spieß, Livemusik und Tanz an beiden Abenden und Messen in der Dorfkirche am Hafen.

Acharávi und Róda C 1

Beide Orte punkten mit einem bis zu 25 m breiten und überwiegend sandigen Strand, der sich über 5 km an der Küstenebene entlangzieht. Seinetwegen sind die beiden einst bedeutungsarmen Dörfer zu korfiotischen Urlaubsmetropolen aufgestiegen. Deutsche und Niederländer bevorzugen Acharávi, nach Róda zieht es vor allem Briten.

Baden, Baden und Baden!
Ansonsten: Acharávi ist weitläufiger als Róda. Sprich, man ist länger unterwegs, will man den Ort erkunden. Fast alle Geschäfte, Bars und Tavernen reihen sich entlang der breiten Hauptverkehrsstraße. Deren Dreh- und Angelpunkt ist ein überflüssiger Kreisverkehr, das ›Rondell‹. Hier beginnt die alte Dorfstraße, die parallel zur Hauptstraße landeinwärts verläuft. Die Häuser links und rechts machten früher das ganze Dorf aus. Wo die alte Dorfstraße wieder auf die Hauptstraße mündet, folgen Sie dieser wieder Richtung Rondell und biegen in die erste Querstraße nach rechts ab. Alle Straßen, die in Acharávi von der Hauptstraße zum Strand führen, sind durchnummeriert – das erleichtert Adressangaben und Orientierung. Dann ein langer Strandspaziergang, immer westwärts, solange Sie mögen. Und das war's: Sie haben Acharávi gesehen.
In Róda ist die Orientierung noch einfacher. Wo die Stichstraße von der Ampelkreuzung her aufs Meer trifft, beginnt die kurze Uferpromenade. Nach 100 m erreichen Sie den

Korfus Norden ▶ Acharávi und Róda

Tamarisken und Palmen am Strand von Róda sind wie das kulinarische Angebot eher dürftig – doch dafür gibt's Blutwurst zum ›English Breakfast‹.

winzigen historischen Ortskern. Nach 50 m sind Sie wieder draußen. Das war Róda!

Antikenjäger?
Immerhin: Beide Orte waren auch schon in der Antike besiedelt. In Acharávi zeugt das Ziegelsteinmauerwerk einer kleinen römischen **Therme** davon (links der Straße Richtung Róda, braunes Hinweisschild, frei über den Zaun hinweg einsehbar). An der Uferstraße von Róda macht rechts neben dem kleinen Hotel Róda Inn ein bescheidener Wegweiser auf den 70 m entfernten dorischen **Tempel** aufmerksam, der hier im 5. Jh. v. Chr. erbaut wurde. Über 21 m war er lang, fast 12 m breit. Zu sehen sind über den Zaun hinweg bestenfalls die Fundamente – falls das Gras gerade frisch gemäht wurde.

🏠 Gute Lage
Aphrodite
Das Hotel ist eins der ältesten im Norden der Insel und recht altbacken. Dafür ist es relativ preiswert und wird nur durch die Uferstraße vom Sandstrand getrennt. Bis ins winzige Ortszentrum sind es 100 m – und einen Parkplatz für den Mietwagen findet man leicht. Daher ist es vor allem Korfu-Rundreisenden für eine oder zwei Zwischenübernachtungen nach vorherigem Blick ins Zimmer zu empfehlen, zumal es auf der Rückseite noch über einen kleinen Pool mit Poolbar verfügt. Da lernt man vor allem Briten kennen.
Róda, Uferstraße, westlicher Teil, T 26630 631 47, DZ ab 50 €

🏠 Wennschon, dennschon
Cressida Seaside
Die kleine, im Sommer 2016 eröffnete Anlage liegt am langen Sandstrand.

VERY BRITISH

Dass Róda britisch dominiert wird, erkennen Sie nicht nur an den niedrigen Bierpreisen, sondern auch am Frühstücksangebot. *Black Pudding* gehört fast immer dazu: gebratene Blutwurstscheiben.

Korfus Norden ▶ Acharávi und Róda

AB AUF DIE MATTE

Ganz ohne Räucherstäbchen, ›Omm‹ und ›Namaste‹ plant Reiner Schwope aus Hannover seine sommerlichen Yoga-Sessions bei Acharávi. Sein Programm ist physiotherapeutisch-medizinisch orientiert. Zweimal täglich, morgens und abends, geht es auf die Matte – Teilnehmer können eine ganze Woche oder auch nur einzelne Sessions buchen. Ausgerollt werden die Matten entweder am Strand oder auf der schattigen Terrasse einer kleinen Apartmentanlage. Wer zusätzlich noch Tiefenentspannung sucht, kann Reiner auch bitten, mit der Bank zu ihm ins Apartment zu kommen.
Reiner Schwope, T +49 171 919 81 83, 69313 647 22, www.reiner schwope.de, Yoga ca. 8 €/Std.

Alle acht Studios und Apartments unterschiedlicher Größe bieten Kitchenette, Balkon und/oder Terrasse mit direktem Meerblick und eine hochwertige Möblierung. Für jeden Gast steht eine edle Liege auf der Wiese zwischen Haus und Sand. Wer zum Frühstücken fremdgehen will, begibt sich ins Restaurant Maístro gleich nebenan (s. u.).
Acharávi, Strandzufahrt Nr. 8, T 69369 369 64, www.cressida.gr, Mai und Okt. 65–110 €, Juni und Sept. 100–165 €, Juli/Aug. 130–220 €, Frühstück 15 €/Pers.

🏠 Wenn's einfach sein darf
Harry's
Bereits 1981 stand Harry im ältesten Pub im Dorf hinterm Tresen. Jetzt unterstützen ihn seine Tochter Angela und sein Sohn Philipp tatkräftig bei der Gästebetreuung. Nach hinten schließt sich ein Trakt mit zehn einfachen, aber geräumigen Studios und Apartments zu einem sehr günstigen Preis an. Strand ca. 1 km entfernt.
Im östlichen Teil der alten Dorfstraße, T 26630 630 38, mobil 69 74 91 66 37, DZ 15–30 €

🍴 Fröhliche Waliserin
Aléxandros
Da, wo man es am wenigsten vermutet, liegt die beste Strandtaverne von Róda: gleich neben der riesigen AI-Anlage des Hotels Mítsis Róda Beach westlich des Ortes. Aléxandros ist ein freundlicher und dabei sehr effizienter korfiotischer Wirt. Abends spielt hier häufig eine Band auf, mal mit westlichen Liedern, samstags ab 21 Uhr zur ›Griechischen Nacht‹. Man sitzt auf einer lauschigen Terrasse mit Meerblick oder auf der Dachterrasse, von der aus man die Tanzfläche nicht sieht und die Musik kaum hört. Wer mag, kann hier ein 3-Gänge-Menü bestellen, mit Fleisch (16 €) oder mit Fisch (22 €).
300 m westlich von Róda am Strand, T 26630 648 25, tgl. ab 10 Uhr

🍴 Unter Zitronenbäumen
Lemon Garden
Wirtin Soúla ist eine charmante Powerfrau. Sie hält die Gartentaverne im Zitronenhain voll in Schwung, dirigiert souverän ihr männliches Personal am Grill, in der Küche, am Kuchentresen und an der Cocktailbar. In den Sommerferien folgen auch ihre beiden erwachsenen Söhne klaglos ihren Anweisungen. Zitronen hängen üppig an den Bäumen. Damit die auch da bleiben, kauft sie welche hinzu und legt sie zum Mitnehmen in einen Korb am Ausgang. Mehrmals wöchentlich gibt es abends Livemusik, von der ›Greek Night‹ bis zur ›Latin Show‹. Ein Ort, den sich auch alle Eltern auf Urlaub merken sollten: Kinder können hier völlig ungefährdet spielen, während man selbst die Speisekarte austestet.
Acharávi, 50 m westlich des Rondells, T 26630 644 46, www.lemongardencorfu.com, tgl. ab 9 Uhr, Hauptgerichte meist 9–12 €

🍴 Direkt am Strand
Maístro
Wenn Ihnen nach einem frühen Abendessen zum Sonnenuntergang ist, sind Sie im Maístro am richtigen Platz. Pizza, Gyros, Moussaká und Schnitzelvariationen, aber auch korfiotischen

Korfus Norden ▶ Acharávi und Róda

Spezialitäten füllen die Speisekarte. Wer dienstags zum ›Griechischen Abend‹ oder donnerstags zum ›Fischabend‹ einen Platz sicher haben will, reserviert besser im Voraus.
Acharávi, zwischen Strandzugang 7 und 8, T 26630 630 20, https://maistroacharavi.com, Fischplatte für 2 Pers. 35 €

🍴 Fein gedeckt
Pumphouse
Weitaus weniger locker geht es an den weiß eingedeckten Tischen im Pumphaus zu. Die Teelichter stehen im Salzstein, zum Fleisch gibt es Steak- statt Obstmesser, der Service ist exzellent. Easy-Listening-Musik unterstützt die Edel-Atmosphäre. Das korfiotische *sofríto* ist ausgesprochen lecker. Für alle, die es gern schärfer mögen, empfehle ich das Tas Kebab, Gulasch mit Reis.
Acharávi, direkt am Rondell, T 26630 632 71, www.pumphousecorfu.com, tgl. ab 12 Uhr, Hauptgerichte meist um 10 €

🍴 Licht in der Wüste
La Luz
Das Lokal hat tatsächlich viel Licht in die eher bescheidene Bar- und Gastroszene von Róda gebracht. Konzipiert als All Day Beach Bar und Restaurant hat hier die Moderne in den schlichten Badeort Einzug gehalten. Am Strand steht schickes Beachmobiliar, an dem auch Drinks und Snacks serviert werden. Im Restaurant wird kreative mediterrane Küche auf die Tische gebracht, wobei die Portionen durchaus noch altmodisch groß sind. Zu den Cocktails im Barbereich gehören auch welche mit griechischem Touch wie der ›Eternal Sunshine‹ (mit Mastícha-Likör) oder die ›Marilyn Passion‹ (mit korfiotischem Koum Kouát).
Róda, im Dorfkern direkt am Wasser, T 26630 632 01, fb: laluzalldaybeachbar, tgl. ab 8 Uhr, Cocktails 7–8 €, Hauptgerichte ab ca. 12 €

🛍 Hölzerne Harley
Olive Wood
Zwischen all dem Einheitsbrei an Souvenirs sticht ein Laden hervor:

Irgendwann werden auch Olivenbäume gefällt. Nach zehn Jahren Lagerung ist ihr Holz für vieles verwendbar.

die Olivenholzhandlung des scheuen Korfioten Polychrónis und seiner sehr gesprächigen niederländischen Gattin Paulien. Das Holz, das sie feilbieten, ist fein beschnitzt und gedrechselt. Polychrónis ist ein besessener Holzbildhauer. Aber auch Küchenutensilien gehören zu seinem Repertoire. Sein Meisterwerk hängt von der Decke: ein Motorrad in Originalgröße aus nichts als Olivenholz.
Acharávi, Strandzufahrt Nr. 6, tgl. 10–22 Uhr

☀ Bei Sonnenuntergang
Beach Bars
Zwischen den Strandzufahrten Nr. 6 und Nr. 8 liegen am Strand von Acharávi mehrere exzellente Beach Bars, die auch abends noch geöffnet sind. Sundowner mit Blick aufs Meer – so soll es sein. In Róda geht es eher britisch zu: Da stösst man abends in den Pubs im Dorfzentrum miteinander an.

Wie auf der Alm – Paléo Períthia

Wie anders Leben früher war, können Sie in Paléo Períthia gut erspüren. Heute hat in dem Hochtal unterhalb des höchsten Inselgipfels Pantokrátoras kein Mensch mehr seinen ständigen Wohnsitz. Die meisten der 130 Häuser vergangener Generationen haben aber dem Zahn der Zeit getrotzt. Manche von ihnen werden als Tavernen, eins sogar als B&B genutzt.

Immer noch ein verwunscher Ort, auch wenn Paléo Períthia inzwischen aus dem Dornröschenschlaf erwacht ist.

▶ LESESTOFF

Die Inhaber des Hotels von Paléo Períthia haben auch ein kleines Büchlein auf Englisch herausgegeben, in dem viele der Häuser im Dorf ganz genau beschrieben werden. Die zahlreichen guten Fotos machen es auch zu einem netten Souvenir.

Das Meer ist von Paléo Períthia aus nicht zu sehen. Heute ist das ein ökonomischer Nachteil, einst war diese Tatsache lebensrettend: Piraten konnten das Dorf nicht erspähen, plünderten es also auch nicht aus. Die Lage in 420–480 m Höhe fernab von Seen und Bächen hatte einen weiteren Vorteil: Hier gab es keine Moskitos, Malaria und Cholera waren kein Thema.

So zählte das alte Períthia in seiner Glanzzeit im 18. Jh. wohl über 1200 Bewohner. Man lebte überwiegend von der Viehzucht und vom Traubenanbau. Zudem besaßen fast alle Familien auch noch Olivenbäume in tieferen Lagen. Der Nordhang des Pantokrátoras war zu jener Zeit teilweise bewaldet und lieferte Holz für den Haus- und Schiffsbau, Gemüse zog jeder im eigenen Garten.

Ein Glücksfall

Der Niedergang begann nach dem Zweiten Weltkrieg. Seeräuber gab es nicht mehr, Malaria und Seuchengefahren waren gebannt. Man zog näher ans Meer, an die Straße und den Hafen von Kassiópi. Im Rückblick ein wahrer Glücksfall! Keiner der ehemaligen Bewohner investierte mehr ins alte Dorf, verschandelte es mit An- und Neubauten getrieben von hirnlosem Zeitgeist.

Erst in den 1990er-Jahren wurde Alt-Períthia dann von Ausflüglern entdeckt. Das letzte Stück der Straße blieb aber lange unasphaltiert, so dass keine Busse heraufkommen konnten. Ein erster Mann war so mutig, eine Taverne zu eröffnen, die sogar viele Korfioten ins verlassene Dorf lockte. Er hatte Erfolg, vier weitere Wirte machen ihm heute Konkurrenz. Dann kamen 2006 Mark und Saskia aus London erstmals nach Paléo Períthia, verliebten sich in den Ort, kauften und restaurierten drei alte Häuser und verwandelten sie in eine auf Korfu einzigartige Bed&Breakfast-Pension. Busse aber kommen immer noch nicht herauf.

Eine Wiederbelebung

Mit etwas Glück finden Sie einen Parkplatz am Ende der Zufahrtsstraße vor der Kirche **Agia Paraskeví** 1. Gehen Sie links an der Pension **Merchant's House** 1 vorbei und dann rechts, stehen Sie auf dem Dorfplatz mit der **Taverne Fóros** 1. Wieder nach links geht es an der **Taverne Old Períthia** 2 vorbei zur schönstgelegenen Kirche im Dorf, **Iakóvos Pérsis** 2. Ein Rundweg führt von dort in etwa 45 Minuten in die Außenbereiche der Siedlung. Schlendern Sie ein wenig herum, entdecken Sie die Sonnenuhr an der Hausruine neben dem ehemaligen **Rathaus** 3, die **Olivenpresse** 4 und das **Archontikó Skordílis** 5, den Wohnsitz der Familie Skordílis von 1699.

INFOS/ÖFFNUNGSZEITEN
Kirchen: meist verschlossen

IN FREMDEN BETTEN

The Merchant's House 1: sechs Suiten, jede mit eigenem Eingang von außen (T 69887 128 85, www.merchantshousecorfu.com, DZ je nach Monat und Wochentag 140–190 €, Mindestaufenthalt zwei Nächte)

KULINARISCHES FÜR ZWISCHENDRIN

Fóros 1: Wirt Thomás Siriótis war der Tavernenpionier. Noch immer wird hier täglich frisch gekocht, der Walnuss- und der Apfelkuchen sind ein Traum, nicht nur Vegetarier schwärmen vom *briám*, einer Art Ratatouille. Bitten Sie Thomás um eine Visitenkarte, zeichnet er Ihnen eine – jede einzelne ein Unikat (tgl. ab ca. 10 Uhr, T 69431 005 10, Hauptgerichte ab ca. 7 €).

Faltplan: D 2

Korfus Norden ▶ Acharávi und Róda

⟳ Live-Cam fährt mit
S-Bikes
Helm und Satteltasche gibt's immer kostenlos dazu, wenn Sie hier ein Straßenrad oder Mountainbike mieten. Die Auswahl an Typen ist riesig. Nahezu täglich werden zudem fünfstündige geführte MTB-Touren angeboten. Gegen einen kleinen Aufpreis sind auch GPS und Helmkamera mit von der Partie.

Acharávi, an der Straße nach Róda, T 26630 641 15, www.cyclecorfu.com, Mo–Sa 9–21 Uhr, Straßenräder ab 12 €/Tag oder 66 €/Woche, MTB ab 8 €/Tag, bis zu 147 €/Woche, geführte Touren 43 €.

ℹ Infos
Busverbindung: mit der Stadt Korfu Mo–Sa 4 x tgl., So 1 x tgl. Verbindung mit Kassiópi und Sidári 4 x tgl.

....
IN DER UMGEBUNG
....

Brückenschläge fürs Bike
Vom äußersten östlichen Ende des Acharávi Beach führt eine Brücke über den Abfluss des Sees hinüber auf das unbewohnte Inselchen **Agía Ekateríni** (📕 D 1), ein schönes Stück halbwilder Natur. Vom Rondell bis dorthin legen Sie etwa 3 km zurück. Auf der Insel passieren Sie nach 350 m einen kleinen, völlig schattenlosen, gut 100 m langen Strand. Noch einmal 200 m weiter linsen Sie durch das Dickicht der Grünpflanzen die Reste des alten Katharinenklosters. Kurz darauf führt ein kurzer Stichweg zu den Ruinen. Der Hauptweg bringt Sie nach weiteren 1100 m zur nächsten Brücke. Reusen und Netze hängen im Wasser, das jede Menge Fische bevölkern. Doch die Fischerei wurde fast ganz eingestellt, denn die hier so zahlreichen Fische isst man heute kaum noch. Hinter der Brücke beginnt der etwa 180 m lange, feinsandige **Spirídonos Beach** (📕 D 1) an einer kleinen Bucht mit fotogenem, aber stets verschlossenen Kirchlein. Cafés und Tavernen bieten hier Gelegenheit für eine Verschnaufpause, bevor Sie den Rückweg antreten.

Perfekte Idylle
Paléo Períthia (📕 D 2) ▶ S. 64

Hoch hinaus
Dieser Ausflug ist für Radfahrer weniger geeignet. 906 m geht's nämlich bis auf

Das traf sich gut: Ein britischer Botaniker brachte um 1850 die Kumquats aus Asien mit nach Korfu, das damals unter der Flagge des Königreichs stand. Heute werden jährlich etwa 140 Tonnen dieser Zwergorange geerntet.

Korfus Norden ▶ Sidári

> **DAS GLÜCK DIESER ERDE...**
>
> ...liegt für Sie auf dem Rücken der Pferde? Den besten **Reitstall** der Insel finden Sie bei **Áno Korakiána** (ℳ C 3). Die Britin Sally-Ann Lewis bietet mit ihren elf Pferden zweistündige Trails durchs Binnenland an. Mo–Sa 10–12 und 17–19 Uhr, T 26630 230 90, www.trailriders corfu.com

den Gipfel des höchsten Inselmassivs, den **Pantokrátoras** (ℳ D 2), hinauf. Auf dem Weg dorthin kommen Sie durch kleine stille Dörfer wie **Lafkí** und **Petália** und dann über eine raue, steinige Hochebene, die ein wenig an Irland und Schottland erinnert. Schließlich windet sich die gute Asphaltstraße in Serpentinen steil zum Gipfel hinauf. Wenn der kleine Parkplatz voll ist, bekommt so mancher Beifahrer beim Einparken und Wenden feuchte Hände. Nur Mut, geschafft hat's bisher noch jeder. Unter einem hohen Antennenmast steht ganz oben die Kirche eines ehemaligen Klosters aus dem späten 17. Jh., innen sind die Wandmalereien zum Teil frisch restauriert. Das Kloster ist Christus als ›Allesbeherrscher‹ geweiht, von ihm leitet sich auch der Name des Berges ab. Der Rundumblick ist fantastisch und genossen bei einem Mokka im kleinen Gipfelcafé noch besser!

Für die Rückfahrt wählen Sie am besten eine andere, etwas längere Strecke. In **Strinílas** lässt sich idyllisch in einer Taverne rasten, deren Stühle und Tische unter einer über 200-jährigen Ulme Schatten finden. Auf der Weiterfahrt durch die Dörfer **Sgourádes** und **Epískepsi** verlieren Sie Stück für Stück an Höhe.

Asiatisch angehaucht

Südlich von Róda liegt das Hauptanbaugebiet für die ursprünglich aus China stammenden Kumquat, die jetzt korfiotischen Zwergorangen. Beim Dorf **Nímfes** (ℳ C 2) sind die Plantagen besonders gut zu sehen. Eine andere Besonderheit des Orts ist die eigenartige Kirche Stavroménos am nördlichen Dorfrand. Ihre Form findet keinerlei Parallelen in der byzantinischen Architektur. Ihre östliche Hälfte gleicht einer ceylonesisch-buddhistischen Dagoba, erinnert entfernt an eine Käseglocke. Sie wird ins 17./18. Jh. datiert. Wer sie stiftete und entwarf, liegt im Dunkeln. Vielleicht war es ein Kapitän oder Fernhandelskaufmann, der Ceylon bereist hatte?

Von Nímfes fahren Sie durch üppig grüne Landschaft weiter bis nach **Sokráki** (ℳ C 3). Wie Nímfes profitiert auch dies winzige, gepflegte Dorf von asiatischen Importen. Hier nämlich bietet jedes Café *tzizimbíra* an, die in Griechenland nur auf dieser Insel bekannte Ingwerlimonade.

Auf dem Rückweg in den Norden erwartet Sie ein kleines ›Straßenabenteuer‹. Die meist nur einspurige Straße von Sokráki hinunter nach Áno Korakiána wird auch ›Korkenzieherstraße‹ genannt, zu Recht, denn sie windet sich in engsten Kurven eine fast senkrechte Felswand hinab. Ein schwindelerregendes Erlebnis! Als Ausgleich ist dafür die Straße von Áno Korakiána über den Troumbétta-Pass nach Róda sehr gut ausgebaut.

Sidári ℳ B 1

Sidári ist eine Hochburg britischer Urlauber. Deren Bedürfnissen entsprechend gleicht die Dorfhauptstraße einer Mischung von Brighton und Las Vegas in miniature. Die Suche nach einem alten Ortskern – leider vergeblich. Dann vielleicht Hotels unmittelbar am Strand? No, niente, nichts. Der Hafen ist nur für diejenigen interessant, die mit der ›Afroula‹ einen Tagestörn hinüber zur Nachbarinsel Eríkoussa unternehmen möchten (▶ S. 68). Warum also lohnt Sidári überhaupt einen Stopp? Und wo genau? Canal d'Amour heißt die Antwort.

9

Reif für die Insel? – **Ausflug nach Eríkoussa**

Okay, Korfu ist auch eine Insel. Aber die siebtgrößte unter den griechischen. Eríkoussa dagegen folgt erst auf Rang 111. Ein Fleckchen Erde fernab der Welt. Offiziell wohnen fast 500 Menschen dort – im Winter ist kaum einer da. Es gibt nicht mehr als zwei Hotels, eine Snackbar, Supermarkt und Bäckerei.

Blau wie das Meer, weiß wie …? Ach, egal, wenn diese Flagge am Heck flattert, symbolisiert sie für uns Mitteleuropäer doch meist Urlaubsglück.

Lust auf Einsamkeit? Im Hotel Erikousa können Sie auch im Winter wohnen. Das Hotel ist dann zwar geschlossen, aber der Wirt ist da und wird Ihnen ein Zimmer geben. Bäckerei und Snackbar sind auch stundenweise geöffnet.

Sie existieren tatsächlich: Europäische Inseln, über die selbst im Internet kaum mehr als zehn Zeilen zu lesen sind. Eríkoussa gehört dazu. Was soll man auch über die Insel sagen und schreiben, wenn man noch nie dort war? In der Geschichtsschreibung hat der 2×2 km kleine Inselzwerg nie Erwähnung gefunden. Die hohe Zahl von 496 Einwohnern, die die Volkszählung 2011 ergab, lässt sich so erklären: Für die Zählung sind viele Abgewanderte in die Heimat zurückgekehrt und haben sich hier registrieren lassen. Es könnte ja sein, dass wieder einmal EU-Mittel analog zur Bevölkerungszahl zu verteilen sind – und so soll die alte Heimat von diesem kleinen Trick profitieren. Wie es wirklich um die Bevölkerung bestellt ist, verrät die Insel-Grundschule: 3 Schüler, 1 Lehrer.

Mini-Kosmos

Im Sommer fahren Sie am besten von Sidári aus mit der ›Afroula‹ hinüber. Eine Stunde dauert die Überfahrt. Fracht ist kaum mit an Bord; die bringt ein größeres Boot aus Ágios Stéfanos mehrmals wöchentlich zusammen mit Passagieren hinüber.

Schon vom Boot aus ist eine erste Orientierung möglich, denn Sie sehen den einzigen Ort bereits vor sich: links der kleine Hafen mit **Mole** 1, in der Mitte das **Inselhotel Erikousa** 1, rechts **Windmühle** 2, Kirche mit Friedhof und winziges Elektrizitätswerk. Nach Betreten der Insel wird jedem bald klar, wie man hier in der Vergangenheit EU-Fördergelder genutzt hat. Ein erster Wegweiser informiert Sie, dass eine Inselrundwanderung

Ausflug nach Eríkoussa #9

auf geförderten Wanderwegen 10,5 km lang ist. Daneben hängt ein Inselplan. 50 m weiter erfahren Sie, dass es 250 m bis zur einzigen öffentlichen Toilette sind, 70 m bis zum Hotel Erikousa, 100 m bis zur Snackbar **Oásis** ❷ und ebenfalls 100 m bis zum Supermarkt **Leónidas** ❶. Mehr müssen Sie auch nicht wissen. Weitere Wegweiser werden Sie ständig begleiten. So kam das Geld aus Brüssel zumindest der Tischlerei zugute, die sich hier austoben durfte. Eine Wanderkarte gibt es im Hotel: Dessen Inhaber George Katéhis hat sie ebenso wie Inselprospekte herstellen lassen und gibt sie kostenlos aus.

Aber wandern will hier ohnehin kaum jemand. Es gibt im 500-m-Umkreis des Hotels genug Möglichkeiten zum Nichtstun. Einen Sandstrand ohne Wassersportmöglichkeiten. Eine Snackbar, in der man schattig sitzt und alles und jeden sieht. Und sogar wieder einen **Bäcker** ❷, der auch Pizza backt. Geht man noch ins Hotelrestaurant zum Mittagessen und unterhält sich mit dem Hotelier, der seine Insel über alles liebt, sind fünf Stunden schnell vorbei und die ›Afroúla‹ legt wieder ab.

▶ **LESESTOFF**

Yvette Manessis: **Das Flüstern der Zypressen**, Heyne-Verlag 2014. Geschrieben von einer New Yorker Emmy-Award-Preisträgerin mit griechischen Wurzeln. Gut lesbar, wenn man auf der Insel Urlaub macht. Da erkennt man manches wieder ...

INFOS

Fährverbindungen: www.erikousa.gr. Tickets in Sidári im Reisebüro Vlaseros Travel an der Hauptstraße auf Höhe des Hafens (T 26630 956 95, hin und zurück 25 €)

Faltplan: Karte 2, D 1

Korfus Norden ▶ Sidári

Spaßbad naturell
Folgen Sie den Hinweisschildern zum Hafen und fahren Sie die Dorfstraße entlang, um sicher zu sein, dass Sie hier wirklich nicht aussteigen müssen. Wegweiser leiten Sie danach zum Canal d'Amour. Am Café-Restaurant D'Amour gibt es Parkmöglichkeiten. Hier beginnt ein etwa 400 m langer, gepflasterter Weg, der Sie an Buchten, Mini-Stränden und winzigen Fels-Halbinselchen entlangführt. Überall auf den Felsen stehen Sonnenliegen, Badende kraxeln an und auf den Felsen herum. Tretboote sind unterwegs, Motorboote knattern mit Urlaubern vorbei. Man mag sich vorkommen wie an einem Schwimm-Parcours, den ein Künstler entwarf. Spaßbäder und Thermenlandschaften, wie man sie sonst kennt, sind dagegen eher einfallslos. Also, worauf noch warten, nichts wie rein ins Vergnügen! Wenn Sie alles hier in vollen (auch Schwimm-)zügen genossen haben, geht's weiter!

🛏 Vom Bett ins Wasser
Canal d'Amour Village
Wenn Sie ohne festes Quartier über Korfu touren und echte Wasserratten sind, könnten Sie Ihr Glück herausfordern und einen Versuch starten, hier vor Ort für ein oder zwei Nächte eins der 26 Studios zu ergattern. Bewohner der kleinen Anlage genießen nämlich den Luxus, direkt am Steilufer über den reizvollen Buchten zu residieren.
Canal d'Amour Area, T 26630 951 97, www.canaldamourvillage.com, Mai–Okt., DZ ab 35 €

🍴 Service am Sunbed
D'Amour
Sonnenliegen und Tische stehen weit verstreut auf einer Rasenfläche und gleich am Steilufer, die Liegen sind für lau, wenn Sie beim Sonnenbad etwas verzehren. Im Angebot ist vor allem, was Briten mögen, aber auch griechische Gerichte wie Moussaká und Bauernsalat werden auf Wunsch direkt an die Liege geliefert.
Canal d'Amour Area, tgl. ab 8 Uhr, Moussaká 7,50 €, Espresso 2 €

🚤 Wenn nicht hier – wo dann?
The Yellow Boat Company
Wenn Sie am Hafen von Sidári ein Boot mieten, dürfen Sie damit im Osten bis zum Spirídonas Beach und im Westen ums Kap Drástis herum bis nach Ágios Stéfanos Avlióton das Ionische Meer durchkreuzen. Eine schönere Route für Freizeitkapitäne gibt es in ganz Hellas kaum. Für Boote mit maximal 30 PS benötigen Sie weder Bootsführerschein noch Erfahrung – nur etwas Mut!
Sidári Harbour, tgl. 10–17 Uhr, T 69774 549 50, fb: TheYellowBoatCompany

ℹ Infos
Busverbindung: Mit der Stadt Korfu Mo–Fr 10 x, Sa 8 x, So 1 x. Mit Róda, Acharávi und Kassiópi 4 x tgl.

IN DER UMGEBUNG

Jesus als Embryo
Haben Sie den Gottessohn schon einmal als Embryo gesehen? Eine zeitgenössische Wandmalerei im **Kloster Pantokrátoras Chamiloú** (📍 B 3), auf Deutsch ›Nieder-Allesbeherrscher‹, macht's möglich. Schauen Sie sich die Darstellung der Begegnung Mariens mit Elisabeth auf der rechten Emporenbrüstung der Klosterkirche an: In beider Mutterleib ist ein voll ausgebildetes Ungeborenes mit dem speziellen Heiligenschein Jesu zu sehen! Eine der 30 Nonnen dieses Konvents hat die Szene ebenso wie all die anderen schönen Wand- und Deckenmalereien in der Kirche geschaffen und sich dabei ansonsten strikt an den strengen Kanon der byzantinischen Ikonen-Theologie gehalten.
Am unteren Rand des Dorfes Ágios Athanásios an der Straße von Sidári zur Inselhauptstadt, im unteren Ortsbereich ausgeschildert, www.impak.gr, Di–So 8–13 und 16 Uhr bis zur Dämmerung

Traumhaft schön
Nur 4 km westlich vom geschäftigen Sidári träumt das stille Binnendorf **Perouládes** (📍 A 1) vor sich hin. Eine Rundstraße führt durch das Örtchen.

Korfu

Canal d'Amour: Bei Sidari sind die Buchten wie Pools mit Ausgang zum weiten Meer. Hier können auch Nichtschwimmer planschen.

Folgen Sie ihr entgegen dem Uhrzeigersinn, kommen Sie zu einer beschilderten Abzweigung. Hier geht es erst hinauf und dann hinunter zum **Kap Drástis** (A 1). Auf dem Scheitelpunkt der Straße endet der Asphalt. Bis zum ersten Aussichtspunkt kommen Sie noch gut mit dem Pkw voran, danach sollten Sie nur noch weiterfahren, wenn Sie in einem Jeep sitzen. Alle anderen steuern zu Fuß das Wegende an einer ganz engen Felsbucht an. Ist die See ruhig, spricht nichts gegen ein erfrischendes Bad. Der Blick vom Aussichtspunkt aufs grün-weiße Kap ist – auch wenn's abgedroschen klingt – atemberaubend schön, in der Ferne sind mehr oder minder deutlich die nordwestlichsten Inseln Griechenlands zu sehen, Eríkoussa und Othoní.

Auf die Rundstraße zurückgekehrt, biegen Sie nach etwa 350 m rechts ab, um 200 m weiter wieder an der Steilküste zu sein. Chillout mit Fernblick wird Ihnen hier in der Open-Air-Bar 7th Heaven zu Jazz, Ethnic und Griechen-Pop geboten. Für einen kurzen Nervenkitzel sorgt der Gang über einen extrem kurzen **Skywalk** – kein Vergleich mit dem Grand Canyon, für manche aber dennoch eine echte Herausforderung. Außergewöhnlich nächtigen können Sie in Perouládes auch. Ein Gutshof aus dem Jahre 1803 wurde dort in ein stilvolles Privathotel mit nur neun Zimmern verwandelt. Die sind im Stil des frühen 19. Jh. möbliert. Wie einst die Gutsbesitzer sitzen da jetzt die Gäste im Garten – wahlweise heute auch an der Bar, im Restaurant oder am Pool. Zum Strand geht man etwa 10 Minuten; andere Urlauber sind abends kaum im Dorf.

Villa de Loulia, An der Ringstraße durchs Dorf, T 26630 953 94, www.villadeloulia.gr, DZ ab 110 €

Strandalternativen

Als Ausflug oder als Fortsetzung einer Rundfahrt durch Korfus Norden ist der Hafen- und Badeort **Ágios Stéfanos Avlióton** (A 2) Ihr mögliches

10

Ein Dorf für alle Fälle – Afiónas

Kennen Sie die Korfu-Krimis? Deren Autor war in Afiónas zu Hause. Aber das ist nicht der Grund, es ein ›Dorf für alle Fälle‹ zu nennen. Als solches profiliert sich der 290-Seelen-Weiler auf einem Bergrücken vielmehr, weil er eigentlich jedem Besucher gefällt – auf alle Fälle.

Kein Museum, keine geöffnete Kirche und keine archäologische Stätte und doch können Sie in Afiónas gut einen ganzen Tag verbringen, vorausgesetzt, Sie haben Ihr Badezeug nicht vergessen. Am besten kommen Sie am späten Vormittag an, fahren zunächst einmal die Dorfstraße aufwärts, bis es nicht mehr weiter geht, wenden und suchen sich eine Parkmöglichkeit. Dann kehren Sie zu Fuß wieder zum Straßenende zurück, wo an einer Art Dorfplatz die **Dorfkirche** 1 und der kleine Laden ›**Oliven und mehr**‹ liegen. Deren Inhaber, Heidi und Rainer Kalkmann, stammen aus Baden, leben aber schon lange auf Korfu. Sie füllen das Olivenöl von Bauern aus der Nachbarschaft in schön gestaltete Dosen und Kanister, verpacken die Olivenseife attraktiver als andere, bieten auch ausgewählte kunstgewerbliche Artikel aus Olivenholz an. Heidi ist auch Künstlerin, malt mit Acryl auf Papier, Leinwand und alten Dachziegeln. Kurz: Eine gute Adresse um – am besten auf dem Rückweg – zu shoppen.

Sattsehen und Sattessen

Die Straße rechts am Laden vorbei windet sich hinauf in den ältesten Teil des Dorfes mit blumenreichen Winkeln und der modernen Taverne **Ánemos** 1 ganz oben. Fürs Mittagessen ist es vielleicht noch zu früh, doch ein Dessert können Sie ja auch ohne Vorgeplänkel bestellen. Damit auf der Zunge wird Ihnen der ohnehin unvergessliche Ausblick übers Meer bis zu den Diapontischen Inseln noch weiter versüßt.

Anschließend geht es wieder zum Dorfplatz zurück und nun sogleich nach dem Laden rechts zu den Tavernen **Porto Timioni** 2 und Diony-

---

K KRIMIS

Autor Roberto Bardéz, mit bürgerlichem Namen Robert Bäurle, lebte von 2000 bis zu seinem frühen Tod 2010 in Afiónas. Er schrieb in dieser Zeit vier spannende Kriminalromane mit viel Lokalkolorit, in denen sich die Bewohner des Dorfes durchaus selbst wiedererkannten. Die Schauplätze kann der Leser vor Ort leicht identifizieren. **Harko und das tote Mädchen am Strand** heißt der erste und wohl beste Band aus der Reihe ›Der Bulle von Korfu‹ aus dem HSB-Verlag (www.hsb-verlag.com).

sios ❸. Bis 2006 stand hier nur eine Taverne mit Gästezimmern. Der Komplex gehörte zwei Brüdern. Einer war fürs Lokal, der andere für die Pension zuständig. Doch die Zeiten sind vorbei, sie waren zu oft verschiedener Meinung und trennten sich; der eine Bruder macht jetzt dem anderen Konkurrenz.

Zu schön, um einsam zu sein

Von den Tavernen aus führt ein ausgeschilderter Trampelpfad in etwa 30–40 Minuten bergab nach **Porto Timioni** ❷. Dort unten können Sie wechselweise in den Buchten von Ágios Geórgios und Aríllas baden. Zwei Strände säumen hier nämlich zu beiden Seiten einen schmalen Isthmos hinüber zu einem niedrigen Kap. Die Schönheit von Porto Timióni hat sich herumgesprochen, im Hochsommer wird es sehr voll. Bequeme kommen dann nicht zu Fuß, sondern mit Booten von Aríllas und Ágios Geórgios.

Sie freilich müssen wieder zum Auto hinauf. Doch bitte noch nicht weiterfahren! Sechs Tavernen lohnen den Besuch. Sie werden sich für eine entscheiden müssen. Mein Tipp: die unprätentiöse Taverne **Panórama** ❹ oder das **Efdémon** ❺ mit kreativer Spitzenküche. Der Sonnenuntergang ist von beiden aus ein Erlebnis.

Beweisen Sie den Korfioten, dass Sie ein Korfu-Kenner sind. Sagen Sie einfach jedem, der ›Bardés‹ mit Nachnamen heißt, dass er aus Afiónas stammt. Sie werden immer richtig liegen.

INFOS

Linienbusse ab Korfu-Stadt: Mo–Fr 5 und 14 Uhr, zurück 6.25 und 15.40 Uhr, Fahrzeit 80 Minuten, 4,40 € (einfach).
24. Juni: Kirchweihfest mit Musik und Tanz auf dem Dorfplatz zu Ehren des hl. Johannes.

KULINARISCHES FÜR ZWISCHENDRIN

Die Tavernen **Efdémon** ❺ und **Pérgola** ❻ sind erst abends ab 18 Uhr geöffnet, alle anderen im Dorf den ganzen Tag über (❶–❹).

Faltplan: A 3

Korfus Norden ▶ Paleokastrítsa

Die Küstenregion zwischen Aríllas und Ágios Geórgios Págon gilt als das esoterische Zentrum der Insel. Mehrere, auch deutsche Veranstalter bieten hier Urlaub und Seminare an.

nächstes Ziel. Von hier starten ganzjährig Boote zu den Inseln Mathráki, Othoní und Eríkoussa (Info: Reisebüro San Stefano Travel, T 26630 519 10, www.san-stefano.gr). Am Ort beginnt ein über 3 km langer Sandstrand, dessen nördlicher Teil unterhalb der Steilküste liegt. Da scheinen auch Adams- und Evakostüm eine angemessene Kleidung.

Einen Hügelrücken gilt es zu überqueren, dann sind Sie in **Aríllas** (󰂄 A 2) angekommen. Die reine Sommersiedlung ohne besonderes Flair hat immerhin einen Sandstrand von 2,5 km Länge. Aus Aríllas stammt das einzige auf den Inseln gebraute Bier. Sogar ein Weizenbier zählt zum Sortiment. Die **Mini-Brauerei** steht im oberen Dorfteil neben einer BP-Tankstelle. Ihr angeschlossen ist ein Shop (Mo–Sa 10–14, Mo–Fr auch 17–19 Uhr). Samstags um 11 und um 12 Uhr gibt es kostenlose Brauereiführungen (T 26630 520 72, www.corfubeer.com). Besonders gut essen können Sie in Ágios Stéfanos in der Taverne **Ta 2 Astéria** an der Hauptstraße gegenüber dem Hotel Thomas Bay. Ein besseres Schweinekotelett mit geschmorten Zwiebeln habe ich in Hellas noch nie bekommen!

❶ **Termin**
Internationales Bier-Festival: Ende Sept. veranstaltet seit 2013 die Inselbrauerei in Aríllas ein fünftägiges Festival mit Livekonzerten und einem Markt regionaler Produzenten, Eintritt frei (Infos auf www.corfubeer-festival.com).

Gut für einen ganzen Tag
Afiónas
(󰂄 A 3) ▶ S. 72

Paleokastrítsa

󰂄 B 4

Vielen Korfioten gilt Paleokastrítsa als schönster Ort der Insel. Andere empfinden ihn gar nicht erst als Ort. Aus der Vogelperspektive betrachtet ist er auch kaum als solcher zu erkennen. Die meisten seiner Häuser verstecken sich zwischen uralten Olivenbäumen, nur einige wenige große Hotels ragen aus den Hainen heraus. Der Ort, das ist eine 3 km lange Straße, an der in lockerer Bebauung Restaurants, Hotels, Pensionen und Geschäfte liegen. Anders als die meisten korfiotischen Küstensiedlungen besitzt Paleokastrítsa auch keinen langen, sich als helles Band vor dem Ort entlang ziehenden Strand. Stattdessen zeigt sich die felsige Küste stark zerlappt, dazwischen sind kleine, teilweise nur von See aus erreichbare Buchten mit Stränden eingestreut. Sie machen den Reiz dieses Geotops aus, das Sie am besten erleben, wenn Sie sich hier amphibisch bewegen – mal zu Fuß, mal schwimmend und öfters mal mit dem Boot.

Nur drei Minuten abseits des Klosters sind Sie mit der Schönheit dieses Fleckens meist ganz allein. Unmittelbar rechts neben dem am Klostervorplatz gelegenen Café-Restaurant Skeloúdi beginnt ein Weg, der an Klostergärten und -friedhof, Pfauen, Enten und Gänsen vorbei zu einem Aussichtspunkt führt.

Korfus Norden ▶ Paleokastrítsa

Keine Frage, ein dunkler Talar gehört zu den Basics der Priestergestalt. Glatze geht, doch Rauschebart und Zopf sollten sein – zumindest solange es Gott gefällt.

Kloster mit Ampel
Vom Isthmos zum Kloster

Wo die Häuser von Paleokastrítsa und die Hauptstraße Meeresniveau erreichen, verbindet eine schmale Landenge den Körper Korfus mit einer kleinen, felsigen Halbinsel, die das Männerkloster Panagía Theotókos krönt. Vor der Landenge liegt rechter Hand ein im Sommer gebührenpflichtiger Parkplatz. Links wird am etwa 120 m langen Strand Ágios Spirídonos gebadet. Dort warten auch Wassertaxis und Rundfahrtboote, auch Boote für Selbstfahrer können gemietet werden. Die Weiterfahrt hinauf zum noch 450 m entfernten Kloster regelt eine Ampel. Sie soll vor allem verhindern, dass sich auf der schmalen Straße zwei Busse begegnen. Davon sind Dutzende jeden Tag mit dem Kloster als Ziel unterwegs – besetzt vor allem mit Kreuzfahrttouristen. Das Kloster erfüllt meist ihre Erwartungen, ist es doch ein fotogenes, blütenreiches und idyllisches Fleckchen Erde (April–Okt. tgl. 7–13 und 15–20 Uhr, Eintritt frei).

Gegründet wurde das Kloster schon 1228, seine heutigen Gebäude jedoch stammen erst aus dem 18. Jh. Stützbögen überspannen einen Laubengang, Blumentöpfe und Katzen sind überall, der kleine Innenhof wäre ohne Besucher ein ideales Refugium für Meditationen. Zum Beispiel über die beiden großen Ikonen an den Längswänden der Klosterkirche: Sie stellen in je vier Feldern Szenen aus der Schöpfungsgeschichte dar. Eine dritte Ikone ganz vorn an der linken Längswand berichtet von einem korfiotischen Wunder. Sie wurde 1653 gemalt. Groß dargestellt sind drei der Kirchenväter. An ihrem Patronatstag retteten sie ein Kind wohlhabender Eltern vor dem sicheren Tod. Als ein zu ihren Ehren entzündeter Feuerwerkskörper explodierte, stand die Amme mit dem Kind ganz in der Nähe. Die bedauernswerte Amme sank tot zu Boden, das Kind aber blieb dank der – offensichtlich parteiischen – heiligen Männer unverletzt. Die überglücklichen Eltern ließen sie zum Dank malen.

Korfus Norden ▶ Paleokastrítsa

Wandern? Für viele Korfioten undenkbar. Gute Markierungen oder brauchbare Karten? Nö, gibt's nicht. Wer den Rucksack aufschnallt, darf sich auf tolle Landschaft freuen – und muss Umwege in Kauf nehmen.

Parkplatz mit Aquarium
Direkt am Großparkplatz hat eine korfiotische Familie ein Aquarium improvisiert (tgl. 10–18 Uhr, Eintritt 7 €). In 18 kleinen und einem großen Becken schwimmen Mittelmeer-Fische, in einem Extraraum krabbeln einige exotische Reptilien in Terrarien (einheimische dürfen in Griechenland nicht gefangen werden). Der Besuch lohnt eigentlich nur, wenn Sie ohnehin auch eine Glasbodenbootfahrt planen: Die ist im Preis des Kombi-Tickets (12,50 €) nämlich mit enthalten.

Rauf aufs Boot
Sie haben Paleokastrítsa nicht erlebt, wenn Sie hier nicht aufs Boot gestiegen sind. Sind Sie nur auf Rundreise hier, genügt die 35-minütige Standardtour vorbei an Meeresgrotten, Steilufern und Stränden, um den Reiz der Landschaft zu entdecken. Haben Sie mehr Zeit und Lust, an einer der kleinen Buchten zu baden, mieten Sie sich Ihr eigenes Boot und suchen sich Ihren persönlichen Traumstrand (55 €/3 Std., 85 €/7 Std.).

🏠 Abseits vom Mainstream
Acapulco
Viel laufen müssen Sie sowieso, wenn Sie in Paleokastrítsa Quartier beziehen. Da können Sie auch gleich am Ortsrand wohnen. Das Acapulco ist vor allem eine terrassenförmig angelegte (Snack-)Bar mit Pool inmitten von Ölbäumen, Zypressen und Pinien mit Blick auf den Strand von Liapádes (▶ S. 79). Stufen führen zur Bucht, in der Sie gleich ins schwimmtiefe Wasser springen können. In diese abgeschiedenen Idylle hat Wirt Spíros vier schlichte Studios gesetzt.
Zwischen Paleokastrítsa und Liapádes, ausgeschildert, T 26630 419 11, www.acapulcocorfu.com, DZ je nach Saison 35–55 €

🏠 In der Pole Position
Apollon
Wenn Sie nur ein oder zwei Nächte bleiben wollen, ist eins der ältesten Hotels im Ort für wenig Lärmempfindliche eine gute Wahl. Im Café-Restaurant unter den zwei Etagen mit Zimmern kehren auch die Mönche des Klosters und der Dorfpriester gelegentlich auf einen

Korfus Norden ▶ Paleokastrítsa

Frappé ein. Die 22 einfachen Zimmer im Haupthaus bieten alle einen Balkon mit Meerblick. Das griechisch-britische Management verbindet Freundlichkeit mit Effektivität, das sättigende Frühstück ist *very british*. Die Lage kann man nur super nennen: Das Haupthaus wurde schon vor über 50 Jahren direkt am Ansatz der Landenge erbaut.
Isthmos, T 26630 419 11, www.corfu-apollon-hotel.com, DZ je nach Saison 40–85 €

🍴 Authentisch geblieben
Níkos
Am straßenfernen Ende des kurzen Spiridónos Beach an der Landenge pflegt der aus einem nahen Bergdorf stammende Wirt Níkos authentisch-korfiotische Küche. Mein Favorit: ganze, gegrillte Kalamares *(kalamári skarás)*. Im Gastraum zeigen alte Fotos Paleokastrítsa in den 1960er-Jahren, auf einer Reproduktion einer Zeichnung von Edward Lear aus dem 19. Jh. sieht man die Klosterhalbinsel noch völlig baumlos.
Ágios Spiridonos Beach, T 26630 413 40, tgl. ab 10 Uhr, Hauptgerichte meist 9–13 €

✴ Grottengut
La Grotta
142 Stufen führen hinunter auf die schmalen Terrassen der Bar, die sich unmittelbar am und überm Wasser an einer winzigen Felsbucht entlangziehen. Nicht nur tagsüber können Sie hier von kleinen Stegen aus baden. Draußen chillen Sie unter Palmstrohschirmen und blicken auf dezent beleuchtete Felsen, drinnen ist die künstlich erweiterte Grotte ganz stylish möbliert. Chill out lautet die Musikfarbe.
Etwa in der Ortsmitte, an der Hauptstraße ausgeschildert, T 26630 410 06, www.lagrottabar.com, tgl. ab 11 Uhr

🌊 Laut oder leise?
Ski Club 105
Die Bucht nördlich von Isthmos und Klosterhalbinsel können Sie lautstark oder ganz leise durchpflügen. Am Ágios Pétros Beach zieht Sie die Wassersportstation auf Wasserskiern übers Wasser oder vermietet Ihnen ein Tretboot.
Ágios Pétros Beach, T 69766 501 75, www.skiclub105.com, Wasserski 25 €/Runde, Tretboot 8 €/Std.

ℹ Infos
Busverbindung: mit Korfu Stadt Mo–Sa 7 x tgl., So 6 x. Mit Lákones und Makrádes 2 x tgl.

IN DER UMGEBUNG

Am Weg von Norden her
Von **Afiónas** (▶ S. 72) senkt sich die Straße zur weiten Strandbucht von **Ágios Geórgios Págon** (🗺 A 3) hinab, die so mancher für die schönste der ganzen Insel hält. Ursprünglich standen hier nur einige wenige Häuser der Bauern aus dem Bergdorf Pági, auch heute ist kein eigentlicher Ortskern zu erkennen. Im Winter leben nur etwa 200 Menschen hier. Markante Großhotels fehlen, die meisten Urlauber wohnen in kleinen Apartmentanlagen und freistehenden Ferienhäusern zwischen Strand und sanft ansteigendem Hinterland. Für entspannte Urlaubstage am Meer ohne großes Brimborium ein idealer Ort. Wo die Uferstraße Richtung Stadt nahe dem südlichen Ortsrand landeinwärts abbiegt, lohnt ein Besuch der **Schmuckgalerie Ilios**. Inhaber Aléxandros Pajatákis, Jahrgang 1970, lädt alljährlich Goldschmiede aus ganz

B BOND

James Bond war auch schon da! Naja, eigentlich war's nur Roger Moore. 1979 wurden in Pági nämlich einige Szenen für »In tödlicher Mission – For Your Eyes Only« gedreht. Fotos von den Dreharbeiten haben die alten Wirtsleute des Dorfkafeníos Spyros in ein Album geklebt und präsentieren es jetzt stolz ihren Gästen.

Korfus Norden ▶ Paleokastrítsa

Europa ein, bei ihm zu arbeiten und ihre Werke anzubieten. Er lernte die hohe Kunst der Goldschmiederei in Pforzheim, fertigt originellen Schmuck und veranstaltet auch Schmuckseminare für Urlauber. Am langen Holztisch kommen Sie bei einem guten Glas korfiotischen Weins sicher mit ihm ins Gespräch (T 26630 960 43, www.ilios-living-art.com).

Im vorderen Teil des Bergdorfes Pági zweigt nach rechts oben eine Straße Richtung Vístonas ab. Noch einmal schenkt sie einen grandiosen Blick auf die Bucht des hl. Georg und Afiónas dahinter. Dann erreicht sie eine kleine Hochebene voller Rebgärten. Links am Straßenrand hat ein älteres Ehepaar aus Vístonas einen liebevoll gezimmerten Verkaufsstand aufgebaut und ihn ›**To Chelidóni**‹ (die Schwalbe) getauft. Panajótis Koríkis und seine Frau sprechen beide etwas Deutsch, bessern ihre karge Rente aus dem Erlös von Wein und Walnüssen, Olivenöl und Kräutern etwas auf und lassen sich äußerst gern hinter ihrem originell gestalteten Tresen fotografieren (tgl. ab 10 Uhr, wenn gesund).

Vístonas wird anschließend nur gestreift, die Fahrt geht weiter abwärts nach Makrádes hinein. Vor der guten Tavene Colombo zweigt nach rechts eine noch schmalere Straße zur ausgeschilderten Burg **Angelókastro** (U A 4) ab. Sorry für den abgedroschenen Vergleich – aber sie thront wirklich wie ein Adlerhorst hoch über der hier besonders wilden und zerklüfteten Westküste. Die schon von den Byzantinern im 13. Jh. gegründete Anlage war in venezianischer Zeit die zweitwichtigste Festung der Insel, sollte in Kriegszeiten bis zu 3000 Bauern aus der Region Unterschlupf bieten. Vom Parkplatz (mit Taverne) am Fuß des Burgfelsens steigen Sie auf gutem Weg in zehn Minuten hinauf. Der Ausblick ist die eigentliche Belohnung. Vom Bauwerk selbst blieben aber auch recht stattliche Mauerreste erhalten, zudem mehrere Zisternen, einige Felsgräber, eine Höhlenkirche und die Burgkapelle von 1784 (im Hochsommer eintrittspflichtig, 3 €).

So wie dieses Bauernehepaar zwischen Lákones und Paleokastritsa versucht so mancher auf Korfu, Produkte aus eigener Herstellung zu vermarkten. Vielleicht helfen ja auch die Strandtücher, den Umsatz zu steigern.

Über Makrádes geht es nun weiter nach **Lákones**. Hier ist die Dichte der Panoramacafés und -restaurants hoch, wen wundert's, jeder will Paleokastrítsa, seine Buchten und Steilküsten aus der Vogelschau sehen und fotografieren. Kurvenreich windet sich die Straße dann hinter Lákones nach Paleokastrítsa. Für all jene, die die Anstrengung nicht scheuen, führt vom Ortszentrum ein gut gekennzeichneter Weg in einer halben Stunde durch Olivenhaine nach Paleokastrítsa hinunter.

Spazierfahrt mit Shoppingpausen
Zwischen Gouviá und Paleokastrítsa
(🕮 B 3/4) ▶ S. 80

Gewonnen
Das Bergdorf **Doukádes** (🕮 B 3) gehört zu den Gewinnern der griechischen EU-Mitgliedschaft. Irgendwie ist es ihm gelungen, sich kräftig aus den Brüsseler Geldtöpfen bedienen zu dürfen. Das Ergebnis fällt dem Besucher sofort ins Auge. Wie kein anderes Dorf auf der Insel wurde Doukádes hübsch herausgeputzt. Alle Gassen im Dorf sind aufs Feinste gepflastert und beleuchtet, die Platía ist ein echtes Schmuckstück mit guten Tavernen geworden. Viele Häuser erstrahlen schön restauriert in neuem Glanz. Eins sticht hervor: das stattliche Herrenhaus Theotókis. Es wird noch immer von einer der einflussreichsten Familien der Insel genutzt. Erinnern Sie sich an die Straßennamen in der Inselhauptstadt? Mehrere Hauptachsen und Nebengassen dort sind nach Mitgliedern dieses Clans benannt.
Nach einem kurzen Dorfrundgang essen Sie an der Platía traditionell griechisch in der schon 1960 gegründeten Taverne **Elisabeth** (tgl. ab 13 Uhr). Serviert werden Salate und korfiotische Spezialitäten wie *pastitsáda* und *sófrito* nach Oma Elizabeths Rezept, der rote Hauswein stammt aus dem eigenen Keller. Für Gegrilltes ist **To Stéki** zuständig, vor 13 Uhr sitzt man schön in der Taverne **O Doúkos**. Im urigen Postamt an der Platía werden auch einige gute Souvenirs verkauft, und abends lockt **O Káfkis** mit gleich mehreren Funktionen. Es bezeichnet sich selbst als ›artokafepantopoleío‹. Übersetzt bedeutet das ›Kunstcafégemischtwarenhandlung‹. Achten Sie auf Aushänge dort – manchmal lädt es zu dezenter Livemusik im kleinen Rahmen oder auch zu Kunstausstellungen ein. Ach ja: Die Platía hat natürlich auch einen Namen. Dreimal dürfen Sie raten! Sie ist nach einem Theotókis benannt, Georg in diesem Fall.

Verschlafen
An Geld aus Brüssel zu kommen, hat man hingegen im Bergdorf **Liapádes** (🕮 B 4) nicht verstanden. Darum ist das Dorf recht urig geblieben, auch nicht schlecht. Die Häuser sind eher noch älter als in Doukádes, aber statt über teure Pflastersteine als Straßenbelag geht man hier über schnöden Asphalt. Auch die winzige, von Häusern und der Dorfkirche umstandene Platía bildet da keine Ausnahme. Eine Taverne gibt es an ihr nicht, dafür mehrere kleine Kafenía und eine Grillstube. Eine Handvoll Autos parkt ständig auf dem Dorfplatz, neugierig beäugt von zumeist älteren Herren an den Tischen auf den Terrassen der Kaffeehäuser. Wenn Sie hier für ein halbes Stündchen zwischen ihnen Platz nehmen, kommt unweigerlich ein korfiotisches Dorfgefühl alter Art auf.
Zu Liapádes gehört auch ein touristischer Teil. Der beginnt am unteren Rand des alten Dorfes und zieht sich entlang einer etwa 2 km langen Stichstraße bis hinunter zu einem etwa 150 m langen Grobsandstrand an der Bucht von Paleokastrítsa. Da kann man Motorboote mieten oder auch mit eigener Muskelkraft zum Anleger der Snackbar Acapulco (▶ S. 76) hinüberschwimmen. Direkt am Strand wohnt man gut im allerdings nur all-inclusive buchbaren Hotel Blue Princess (T 26630 414 55, www.blueprincesscorfu.com, DZ im Mai ab 86 €, im Juli ab 195 €). Auch Buchungen für nur eine Nacht werden hier akzeptiert – eine Chance, all-inclusive mal zu testen!?

#11

Mit Liebe und Leidenschaft – **Shopping bei Paleokastrítsa**

Business-Plan. Das Wort hat für Níkos und Sofía keine Bedeutung. Eine Art Geschäft betreiben sie ja, aber einen Plan? Den brauchen sie nicht, denn sie haben ja eine Überzeugung, sind genügsam und geduldig, ruhen in sich selbst. Das reicht zwar nicht für Bankkredite, aber für ein ziemlich zufriedenes Leben.

Ob diese flotte Biene gesund ist? Fragen Sie Sofia in der Imkerei Hamburg – die wird es einschätzen können…

Bienen sind Sofías Leidenschaft, obwohl sie überhaupt keinen Honig mag. An der Straße von Liapádes nach Kanakádes verbringt Frau Pagiáti jeden Sommertag in ihrer **Imkerei Hamburg**. In der Hansestadt hat sie lange gelebt, dort auch ihren griechischen Mann gefunden. Jetzt besitzt sie etwa 100 Bienenvölker. Der alte Imker des Dorfes hatte sie gefragt, ob sie nicht seine Nachfolgerin werden wolle. Weil sie ohnehin keinen Job hatte, ließ sie sich auf das Angebot ein und ist jetzt zur Bienenflüsterin geworden. Sie betreut ihre Völker rein ökologisch – »melissosophisch« quasi –, hat zudem 2016 ein Heilpraktiker-Fernstudium beendet und reichert mit ihren neu erworbenen Erkenntnissen jetzt ihre Bienenwachssalben an. Hobby-Imker aus dem Ausland berät sie auch telefonisch, erklärt sibirischen Bienenhaltern, wie ihre Völker über den Winter kommen und alpenländischen Kollegen, wie sie ihre Honiglieferanten vor Epidemien schützt.

Wie jede griechische Landfrau kocht sie zudem ihre eigenen Marmeladen. All ihre Erzeugnisse verkauft sie im Freien in einem alten Olivenhain an der Straße, den ihr Mann mit eigenen Händen auch zum schattigen Kinderspielparadies ausgebaut hat, das Astrid Lindgren sicher gefallen hätte. So bleibt auch Eltern Zeit, Sofía zuzuhören, wenn sie über Gott und die Welt, Gesundheit und Bienen philosophiert. Dass Sie guten Gesprächspartnern irgendwann in ihrer chaotisch unaufgeräumten Hütte einen Kaffee bereitet und Gebäck dazu bringt, ist korfiotisch selbstverständlich. Fragen Sie

Shopping bei Paleokastrítsa #11

sie bitte, was ihre Autobiografie macht: Das treibt sie vielleicht an, sie endlich zu beginnen!

Níkos Sakális 2 ist ein ganz anderer Typ. Sein Herz gehört dem guten Leder. In seinem einsam an der Nationalstraße stehenden, korfiotisch-pinkfarbenen Haus sind wohlduftende Werkstatt und Laden angesiedelt, in seinem Wohnhaus gleich dahinter träumt er in einem kreisrunden Schlafzimmer mit kleiner Einstiegsluke. Wenn Sie ihn für sich gewinnen wollen, streifen Sie die ausliegenden Billigangebote nur mit einem kurzen, verächtlichen Blick. Sie stammen nämlich nicht von ihm. Er bietet sie feil, weil die meisten Touristen nur nach Ramschangeboten Ausschau halten und er so zumindest etwas Umsatz macht. Seine Arbeiten, ob Gürtel oder Handtaschen, Buchhüllen, Rucksäcke, Paravents, Kaminholzkörbe, Bett-Tabletts und Laptop- oder Businesstaschen, sind feinste Handarbeit von höchster Qualität – und die haben ihren (angemessenen) Preis – Er hat ihnen den Markennamen ›Seminole‹ gegeben. Wer seine Arbeit zu schätzen weiß, ist als Fragesteller und Gesprächspartner immer hoch willkommen, auf Englisch oder auf Griechisch.

PARADISE LOST

Friede, Freude, Eierkuchen herrscht auch auf Korfu nicht. Diebe haben Sofía schon ganze Bienenvölker geraubt, Vandalen ihre Hütte zerstört. Wo Menschen sind, gibt es wohl keine Paradiese.

INFOS/ÖFFNUNGSZEITEN

Imkerei Hamburg 1: Von der Straße Liapádes–Pélekas nach Kanakádes abbiegen (Wegweiser zur Imkerei), nach ca. 600 m linker Hand. Mai–Mitte Okt. tgl. ab etwa 9 Uhr, wenn Sofía nicht krank ist oder etwas zu erledigen hat.

Leather Workshop Níkos 2: an der Nationalstraße von Gouviá nach Paleokastrítsa kurz vor Doukádes auf der linken Seite, Mai–Okt. tgl. 10–18 Uhr

KULINARISCHES FÜR ZWISCHENDRIN

Kurz vor der Abzweigung Richtung Kanakádes liegt aus Richtung Liapádes links an der Straße eine moderne Bäckerei mit Coffeeshop. Probieren Sie, was auch immer gerade frisch aus dem Backofen kommt!

Faltplan: B 3/4

Korfus Süden

Sanfte Hügel, Ebenen, die auch mal Raum für eine etwas längere gerade Straße lassen, und sogar ein Küstensee mit Dünenfeldern – im Süden lässt Korfu die Dramatik der Landschaft hinter sich, die den Norden prägt. Steilküste gibt's nur sporadisch und das Festland rückt weiter von der Insel ab. Was unverändert bleibt, ist die Schönheit der Olivenwälder und die Vielfalt der Strände. Eins aber sei deutlich gesagt: Wer nur für einen Tag ein Auto mietet, fährt damit besser in den Norden!

Korfus Süden ▶ Pélekas

Atemberaubend schöne Landschaftsbilder folgen im Süden der Insel nicht wie droben im Norden Schlag auf Schlag. Hier bleibt zwischendurch Zeit zum Luftholen. Längeres Verweilen lohnt dennoch an vielen Orten: in den alten Salinen von Lefkími, um Flamingos zu beobachten, in den Dünen von Ágios Geórgios, einer Mini-Sahara direkt am Meer, an den Flusshäfen von Lefkími und Messongí-Moraítika, in der Taverne einer Ökofarm nahe dem Koríssion-See und in ungezählten anderen Tavernen. Und wenn es dann doch wieder ein Strand unter steilen Klippen sein soll, fahren Sie eben nach Ágios Górdis. Auch im Inselsüden gilt: Wer sich langweilt, ist selbst Schuld.

Pélekas C 5

Pélekas ist neben Afiónas der einzige Urlaubsort Korfus, der nicht direkt am Wasser liegt. Nordeuropäer auf Urlaub schätzen an Pélekas die Atmosphäre eines Bergdorfs mit Aussicht sowie Abende auf dem Dorfplatz und nutzen für den steilen Weg zum tollen Strand ein Moped oder Auto.

Hinauf zum Sunset Point

Wer hier Ferien macht, tut gerne nichts. Wer sich den Ort nur auf einer Rundreise einmal anschauen will, fährt zunächst zu seinem höchsten Punkt hinauf, dem Sunset Point. Man nennt die Kuppe des Hügels, an dem der Ort erbaut ist, häufig auch ›Kaizer's Throne‹, denn niemand geringeres als Wilhelm II. ließ sich dem Vernehmen nach gern in einem roten Mercedes Benz hierher chauffieren, um von einem kleinen Fels auf der Kuppe aus die Sonne untergehen zu sehen. Nach der Stippvisite auf dem ›Thron‹ lässt man sich heute meist auf den bequemeren Stühlen der Veranda des Gipfelhotels Levant nieder und genießt den Blick in die üppig-grüne Hügellandschaft. Zum *Iliovassílema*, dem Sonnenuntergang, wiederzukommen, lohnt vor allem im Juni. Da setzt der rote Sonnenball fast direkt auf einer der Hügelkuppen gegenüber auf und rollt dann den Hang hinunter.

Hinunter zu den Stränden

Weitere Sehenswürdigkeiten hat das Dorf selbst nicht zu bieten. Die abendliche Atmosphäre am Dorfplatz und die kleinen, ländlich-urig gebliebenen Gassen machen den besonderen Reiz von Pélekas aus – und die Vielfalt der Strände in der näheren Umgebung. Zum kilometerlangen **Kontogiálos Beach** (C 6) führen zwei schmale, steile Straßen hinunter. Jetzt stehen hier mehrere raumgreifende Großhotels mit All-inclusive-Angeboten, ein paar kleine Pensionen und Tavernen säumen die Ränder. Zum Baden und für den Wassersport ist der Strand ohne Frage noch immer grandios, doch Einsamkeit darf man hier nicht mehr erwarten.

Gleiches gilt auch für den hotelreichen **Glifáda Beach** (C 5), den Rundreisende durchaus auslassen können. Die Mühen des Hinkommens lohnt hingegen der nahezu unverbaute **Mirtiótissa Beach** (C 5). Ein kleines Schild macht auf den Sträßlein zwischen Pélekas und Vátos auf ihn aufmerksam. Am besten lassen Sie Ihr Auto gleich hier am Straßenrand unter schattigen Bäumen stehen und wandern zum Strand hinab (hin und zurück ca. 5 km, Höhendifferenz 300 m). Weiterfahren sollten Sie nur

NOCH WAS

Im vergangenen Jahrzehnt finanzierte die Gemeinde Pélekas mehrere Sommer lang ein internationales Graffiti-Festival. Heute sind von den vielen Werken jener Zeit an den langen Mauern entlang der Zufahrtsstraße von der Stadt her nur noch geringe Reste zu sehen. Schade!

Korfus Süden ▶ Pélekas

Die Sonnenuntergänge von Pélekas haben schon Kaiser Wilhelm II. fasziniert. Auch ohne Pickelhaube sind sie noch immer schön anzusehen – am besten mit einem guten Sundowner im Glas.

mit Jeep oder Enduro. Der anfangs noch zementierte Feldweg durch den Olivenwald führt an einer Pension und einer Taverne vorbei, dann senkt er sich steil zur Küste hin ab. Da unten reihen sich mehrere kurze Sandstrände aneinander, an denen in der Vor- und Nachsaison teilweise auch nackt gebadet wird. Eine – von mir nicht empfohlene – Taverne ist vorhanden. Nur 200 m vom textilarmen Badeleben entfernt verbringt der fromme Mönch Daniel schon über ein Dutzend Jahre im **Kloster Panagía Mirtiótissa** (C 5) zwischen Olivenbäumen, Bananenstauden und exotischen Blüten sein einsames Leben. Die Klostergründung im 14. Jh. geht der Legende nach auf einen Muslim zurück, der hier unter einem Myrtenstrauch eine wundertätige Marienikone fand und prompt zum Christentum konvertierte. Die heutigen Gebäude stammen aus dem 19. Jh. (keine Besuche zwischen 13 und 17 Uhr, bitte!).

🏠 Tourist's Throne
Levant

Korfus einziges Hotel auf einem Berggipfel gleicht mit seinen 25 leicht romantisch eingerichteten Zimmern einem gepflegten Landhotel in Österreich. Kaiserin Sisi hatte den Baugrund einst erworben, doch der Verkäufer war nicht der Landeigentümer. Daraufhin wandte sie sich dem Achillion (▶ S. 50) zu. Der Garten mit kleinem Pool ist Hotelgästen vorbehalten, die Caféterrasse den ganzen Tag und Abend über Ziel zahlreicher Ausflügler. Die müssen den Sonnenuntergang in der Menge genießen, während er Hotelgästen auf ihren Balkonen ganz privat geschenkt wird – wenn sie die richtige Seite gebucht haben.

Kaizer's Throne, T 26610 942 30, www.levantcorfu.com, DZ ab 85 €

🏠 Mittendrin
Tellis & Brigitte

Das österreichisch-griechische Vermieterpaar kümmert sich herzlichst um

Korfus Süden ▶ Pélekas

seine Gäste, grillt auch gelegentlich mit ihnen im Garten. Zum Dorfplatz sind es nur drei Minuten zu Fuß, zum Strand fährt man besser mit dem Auto hinunter – weil's ja schließlich auch den Rückweg gibt.
Kurz unterhalb des Dorfplatzes an der Hauptstraße, T 26610 943 26, www.pensionmartini.com, DZ den ganzen Sommer über 30–35 €

🏠 Familienbande
Bella Vista
Die Pension etwas oberhalb des Kontogiálos Beach ist schon seit 30 Jahren im Familienbesitz. Seit neun Jahren gehört Claudia aus Hamburg zur Familie und bringt die Sprachkenntnisse in die Gästebetreuung ein. Schwiegermutter und -vater werkeln in der Küche des angeschlossenen Restaurants. Von da aus ist der Sonnenuntergangsblick aufs Meer ebenso schön wie von den Balkonen der zwei Doppelzimmer, sieben Studios mit Kitchenette und zwei Familien-Apartments mit Platz für bis zu fünf Personen.
T 26610 949 27, www.bellavistacorfu.com, DZ NS ab 40 €, HS ab 60 €

G GELDSEGEN

Schaumbläschen auf dem griechischen Kaffee künden einen unerwarteten Geldsegen an – meint man zumindest auf Korfu.

🍴 Der Klassiker
Roúla
Roúla kocht hier seit Jahrzehnten. Und das nach immer gleichen, altbewährten Rezepten. Das Ergebnis ist klassische Tavernenkost, wie sie den meisten Europäern schmeckt, zu günstigen Preisen. Keine Sorge, auch Vegetarier können sich hier satt essen. Fleischliebhaber freuen sich übers fast täglich frisch gegrillte Lamm. Dazu trinkt man einfachen Fasswein. Die altmodische Herzlichkeit gibt's gratis obendrauf.
An der Hauptstraße 100 m unterhalb der Platía, T 26610 945 67, tgl. 10–16 und ab 17 Uhr, Hauptgerichte meist 6–10 €.

Romantisch wirkt oft, was aus Armut entsteht. Auch der abblätternde Verputz an Dorfhäusern wie hier in Pélekas ist kein Shabby-Chic.

Korfus Süden ▶ Pélekas

☼ Beim Planter's Punch plaudern
Zanzibar
Die kleine Bar direkt am Dorfplatz ist seit Jahrzehnten der Nightspot des Dorfes. Hier chillt nicht jeder vor sich hin; man spricht miteinander. Bartender und Inhaber Richard mixt Cocktails auch nach eigenen Wünschen; dichtgemacht wird, wenn auch der letzte Gast seinen Platz geräumt hat.
Am Dorfplatz, T 69310 530 54, tgl. ab 19 Uhr

❶ Infos
Stadtbuslinie 11 in die Stadt Mo–Fr von 7–20.30 Uhr 9 x tgl., Sa 7 x, So zwischen 10 und 21 Uhr 4 x.

IN DER UMGEBUNG

Tea Time mit Homer
Vorbei am Stichweg zum Mirtiótissa Beach (▶ S. 84) und durch Vátos hindurch kommen Sie an eine Straßenkreuzung, an der es rechts aufs Gelände des **Golfclubs** (🕮 C 5) von Korfu geht und links hinunter zum Strand von **Érmones** (🕮 C 5). Fahren Sie auch als Nicht-Golfer ruhig zum 19. Loch, dem Clubhaus des Golfclubs. Willkommen in einer anderen Welt: Inmitten des gepflegten Grüns lässt sich bestens ein Kännchen Tee genießen. Zur Unterhaltung könnten Sie auch den altehrwürdigen Homer hinzuziehen, das Internet macht's möglich. Dann lesen Sie, was er von Érmones im VI. Gesang der Odyssee zu erzählen weiß (www.digbib.org/Homer). Sie erfahren, wie Göttin Athene Nausikaa aufsucht, die Tochter des auf Korfu herrschenden Phäakenkönigs Alkinoos, und ihr befiehlt, den gerade am Strand angespülten Odysseus aufzuspüren und in den Palast ihres Vaters zu führen. Nachdem der legendäre Held seine Geschichte vor dem König zum Besten gegeben hat, kehrt er endlich nach Ithaka und zu seiner Penelope zurück. Dieser Strand war der örtlichen Legende nach der Strand von Érmones. Fahren Sie nach der Lektüre hinunter, denken Sie sich alle hier dicht an dicht erbauten Hotels und Lokale weg – und Sie erkennen vielleicht in einer oder einem der hier zahlreich Badenden die Anmut der Prinzessin oder die Wildheit des Irrfahrers!

Am besten schmeckt der griechische Kaffee, wenn er frisch aufgebrüht aus der brika eingeschenkt wird. Und dann noch Schaumbläschen – perfekt!

Eine Dorfschönheit
Sinarádes (🕮 D 6), das 850-Seelen-Dorf ohne Meerblick gehört zu den allerschönsten der Insel. Links und rechts der Dorfstraße stehen gepflegte Häuser, von Bougainvilleen überrankt, mit Geranien betupft. An den hangaufwärts führenden Seitengassen geht viel alte Bausubstanz den Weg aller Dinge, auf dem kleinen Dorfplatz mit Kirche parken die Autos. Hier und entlang der Dorfstraße sind die urigen Kafenía zugleich, wie anno dazumal überall in Hellas, Gemischtwarenhandlungen, auf deren überdachten Terrassen man zu seinem Kaffee gern auch eine Rolle Kekse vernaschen darf. Die kleine Snack-Bar am Dorfplatz stellt abends ihren Mini-Grill auf die Straße, Katzen gesellen sich zu den Gästen. Alles wirkt sehr traditionell. Dass früher nicht alles besser war, macht das Volkskundliche Museum, 200 m vom Dorfplatz entfernt, eindringlich deutlich (▶ S. 88).

Romantik adé – **Museum in Sinarádes**

Genug der Romantik, der aus Reichtum oder Armut geborenen Idylle! Im Volkskundlichen Museum in Sinarádes wird Ihnen schnell klar, wie hart und entbehrungsreich das Leben für die korfiotische Landbevölkerung noch vor 80 Jahren war – ganz besonders für die Frauen.

Über eine Steintreppe steigen Sie in den ersten Stock zum Eingang ins Museum. Hier über den Stallungen und Wirtschaftsräumen liegen die Wohnräume. Gleich neben dem Eingang öffnet sich die Tür zur Küche. Auf der offenen Feuerstelle steht ein großer Kupferkessel, der an einer Kette am Kaminschacht befestigt ist. Im Winter versammelte sich die ganze Familie vor der Feuerstelle, die auch als Wärme- und Lichtquelle diente. Die Mutter kümmerte sich um das Baby, die Großmutter kochte, die Mädchen strickten, die Jungs lernten für die Schule und der Großvater schaute zu. Alle warteten auf den Vater, dann gab es Essen. Fleisch kam fast nie auf den Tisch, bestenfalls konnte man sich kleine Fische leisten.

An den Wänden hängen Körbe, Töpfe und *bríkia*, wie sie auch heute noch zum Aufbrühen griechischen Kaffees benutzt werden. Im *matsélo*, einer Metallwanne, schrubbte man seinen Körper ebenso wie die schmutzige Wäsche.

Lebensräume

Im nächsten Raum, dem Wohnzimmer, steht ein Tisch, fein gemacht mit einer Festtagstischdecke, Stühle und eine Bank. Hier bewirtete man Besucher. Das Festtagsservice steht in einer Glasvitrine, schließlich wollte man zeigen, was man hat! Die rote *divanokaséla* trägt eine handgeschnitzte Verzierung an der Rückenlehne und bot eine weitere Sitzgelegenheit sowie gleichzeitig Stauraum. Außerdem barg sie die Mitgift für die Töchter des Hauses. Eine Truhe aus Walnussholz wurde auch als Schlafgelegenheit für Gäste oder die Großeltern genutzt. Mit einer Breite von mageren 50 cm nicht eben einladend. An der Wand hängen Bil-

▶ **PARKEN**

Wer auf dem kleinen Dorfplatz keinen Parkplatz mehr findet, fährt am besten an der Kirche vorbei zur Umgehungsstraße und parkt dort.

Museum in Sinarádes #12

Trachten wie auf diesem Foto aus dem Museum von Sinarádes trägt heute niemand mehr auf der Insel. Ist's schade drum?

der und natürlich die für alle griechischen Haushalte obligatorische Ikone.

Am Ende des Flures befindet sich das Schlafzimmer, in dem sowohl die Eltern als auch die Kinder Platz finden mussten. Die Mutter schlief am Rand, um auch nachts an die Holzwiege des Babys zu gelangen, ohne über weitere Familienmitglieder steigen zu müssen. In dem kleineren Bett fanden zwei Kinder Platz, die übrigen schliefen auf Teppichen auf dem Boden. Das interessanteste Objekt im Raum ist die *sélla*. Auf solch einem ›Hocker‹ gebaren die Frauen ihre Kinder. Die rechtwinklig zueinander liegenden Bretter lagern auf drei Beinen und sind in der Mitte abgerundet, um das Neugeborene nicht zu verletzen. Eine neuere Variante eines Geburtsstuhls, die noch bis etwa 1950 genutzt wurde, steht übrigens in der zweiten Etage. Sie ähnelt eher einem Stuhl, hat eine schräge Rückenlehne und einen ausgeschnittenen Halbkreis am vorderen Brett, um Verletzungen des Kindskopfes zu vermeiden.

Alltagsdinge

In der zweiten Etage werden verschiedene Sammlungen gezeigt, darunter Werkzeuge, Trachten, Spielzeug, Textilarbeiten – und ein Boot aus Schilf, mit dem Korfioten noch bis zum Zweiten Weltkrieg auf Fischfang gingen. Sogar nach Italien oder Albanien fuhr man mit solchen Booten, die an die Papyrus-Boote Mesopotamiens erinnern. Urlaubsreisen waren das sicherlich nicht!

Faltplan: D 6

INFOS/ÖFFNUNGSZEITEN

Volkskundliches Museum: an der Dorfstraße von Sinarádes, südlich der Platía auf Höhe der Kirche ausgeschildert, T 26610 549 62, Mai–Okt. Di–Sa 9.30–14 Uhr, Eintritt 2 €, Fotografieren auch mit Blitz erlaubt

Korfus Süden ▶ Ágios Górdis

So können Fotos täuschen: Zwischen den Opuntien und dem Fels im Wasser liegt viel Strand – mit oft sehr vielen Leuten drauf.

Ágios Górdis D 6

Die Nummer Eins unter Korfus fotogensten Orten – jedenfalls von oben betrachtet. Der bizarre Felsen ›Orthólithos‹ (senkrecht stehender Stein) im Meer ganz dicht vor der Steilküste und seine Pendants am südlichen Rand der etwa ein Kilometer langen Sandstrandbucht geben Ágios Górdis sein besonderes Gepräge. Eingerahmt wird die Bucht von steil abfallenden, fast überall bis ans Wasser hinabreichenden grünen Hängen. Im Ort selbst bildet ein etwa 200 m langes Straßenstück mit Tavernen, Läden und Bars das Zentrum; ansonsten stehen die Pensionen und Hotels locker verteilt am Strand und an etwas sanfteren Hängen. Im Winter lebt hier niemand; die Bewohner ziehen hinauf ins zugehörige Bergdorf Sinarádes (▶ S. 87) oder gleich in die Stadt.

In den Tag hinein leben!

Schwimmen und schlemmen, schlafen und sinnieren! Wenn Sie nur im Rahmen einer Rundreise hierher kommen, reicht eine kurze Stippvisite am Strand. Wenn Sie hier wohnen, wandern Sie unbedingt einmal vom südlichen Strandende auf schmalem, steilem Pfad in 30–50 Minuten ins Bergdorf **Pentáti** (D 7) hinauf. Der Weg sorgt für Augenschmaus, die Taverne Chris Place am Ziel für kulinarisch-griechische Genüsse. Wirtin Sofía zaubert nämlich täglich

Kluge Natur: Wenn die Touristen Ende Oktober abgereist sind, beginnt die Olivenernte. Für viele nur während der Urlaubssaison Beschäftigte ersetzt sie die Arbeitslosenversicherung.

Korfus Süden ▶ Ágios Górdis

frisch das vielleicht beste Moussaká im Süden Korfus aus ihrer Küche auf den Tisch (T 26610 538 46, www.chrispentati.com, tgl. ab 10 Uhr, Hauptgerichte meist 7–8 €).

🏠 An alles gedacht
Dandídis
Die Österreicherin Brigitte und ihr griechischer Mann Aléxis Dandídis pflegen ihre zweigeschossige Pension mit zwölf Zimmern und einem Studio sowie zwei Apartments mit österreichischer Sorgfalt, haben sogar Türstopper und Kleiderhaken für die Wände besorgt. Und, welch ein Glück: Keine Straße trennt die zugehörige Restaurant- und Frühstücksterrasse vom Strand.
50 m südlich vom Punkt, an dem die Dorfstraße auf den Strand mündet, T 26610 532 32, www.dandidis.eu, DZ NS ab 60, HS ab 70 €

🏠 Auf Cocomat-Matratzen
Sebastian's Family Hotel
Modern und hochwertig, aber zugleich auch romantisch und verspielt sind die Zimmer und Apartments etwa 200 m vom Strand entfernt. Lärmschutzfenster machen die zentrale Lage des Hotels wett, die Betten und Matratzen stammen von der weltweit renommierten griechischen Firma Cocomat, die u. a. auch in Hamburg und Berlin, Paris und New York Filialen betreibt. Also, rein in die Betten, hier kann man mal probeliegen!
An der Stichstraße zum Strand über der gleichnamigen Taverne, T 26610 532 56, www.sebastians-corfu.de, DZ ab 50 €

🍴 Tavernen-Pioniere
Theódoros
In der ältesten Taverne des Ortes balancieren die Brüder Fótis und Thássos ihre Tabletts voller griechischer Spezialitäten direkt am Strand. In der Küche führt Thassos Frau Hannah Regie und bereitet alle Köstlichkeiten täglich frisch zu. Ein schöner Platz auch für den Sonnenuntergang!
Am südlichen Strandende, T 26610 532 59, tgl. ab 10 Uhr, Hauptgerichte 8–12 €

✱ Rosenlimonade gefällig?
Madison Garden Bar
Gutes und Außergewöhnliches hat sich Barchef Thános auf die Fahne und den Gästen auf die Karte geschrieben. Die Cocktails gehören zu den besten der Insel, aber auch alkoholfrei machen Sie gute Erfahrungen: etwa mit Rosenlimonade oder Coffee-Smoothies.
Links an der Stichstraße zum Strand, T 26610 532 08, tgl. ab 10 Uhr, Cocktails ab 7,50 €

❶ Infos
Busverbindung mit Korfu-Stadt Mo–Sa 6 x tgl., So 2 x

IN DER UMGEBUNG

Durch einen Zauberwald
In **Pentáti** (📖 D 7), dem Bergdorf über Ágios Górdis, beginnt eine schmale Straße Richtung Süden, die zu den allerschönsten der Insel gehört. Sie führt weder durch spektakuläre Berglandschaft noch an bizarren Küsten entlang, sondern schlicht durch einen uralten Olivenwald. Jeder einzelne Baum ist

Da lässt man Messer und Gabel besser beiseite. Die kleinen Fischchen isst man mit den Fingern!

Korfus Süden ▶ Ágios Górdis

eine gereifte Persönlichkeit, durchfurcht von den Jahrhunderten, aber nach wie vor immer noch ertragreich. Unter vielen Bäumen liegen schwarze Netze für die Erntezeit im Winter, manchmal werden sie auch in den Sommermonaten nicht eingerollt. Je nach Einfallswinkel der Sonnenstrahlen zeigt der Zauberwald stets ein anderes Gesicht, wirkt aber immer verwunschen. Langsam fährt man hier von selbst.

Einziger Weiler an der Strecke zum See ist das nur locker bebaute **Paramónas** (D 7), in dem Gärten und Olivenwald die Häuser auf Abstand halten. Drunten am Strand stehen eine Pension, zwei Tavernen und ein kleines Hotel, etwas abseits vom Ufer noch eine nette Pension, das war's – ein idealer Rückzugsort für Liebhaber der Einsamkeit. Kein Linienbus, kein Ausflugsbus steuert ihn an. Wer das Hotel bevorzugt, wohnt im Paramónas (T 26610 765 95, www.paramonas-hotel.com, DZ 55–65 €), als Pension empfehle ich das Skála mit seinen zehn Studios in einem paradiesischen Garten mit Pool und Taverne (T 26610 750 32, z. B. über www.booking.com, DZ ab 40 €).

Hinter Paramónas passiert die Straße zwei Fischtavernen an den Mini-Stränden **Prasoúdi Beach** (D 8) und **Kanoúli Beach** (D 8), dann erreicht sie an der fast völlig zugewucherten, nicht zu betretenden Burgruine Gardíki aus byzantinischer Zeit eine Gabelung, an der es rechts zum See hinunter geht. Rechts und links der Straße wachsen Schnittblumenfelder und dann passieren Sie die kleine **Kellerei Livadhiótis** (meist 10–14 Uhr geöffnet), Umsehen erlaubt! Etwa 20 000 Flaschen Rot- und Weißwein werden hier jährlich produziert.

Natur pur

Der flache, einst sehr fischreiche **Korissión-See** (D/E 8/9) erstreckt sich 5 km lang und 1 km breit parallel zum Meer, von dem ihn nur ein schmaler Dünenstreifen trennt. Im Winter bietet er mit seinen Salz- und Feuchtwiesen und seinen Schilfgürteln einen beliebten Rast- und Überwinterungsplatz für zahlreiche Sing- und Wasservögel. Ein kurzer und schmaler Kanal, den ein Fußgängersteg überbrückt, verbindet ihn mit dem offenen Meer. Am Kanal stehen die einfachen Hütten der Fischereikooperative, die den See auch heute noch befischen darf. Elf Dörfer besitzen Fischereirechte im Korission-See, in dessen Fluten sich überwiegend bei Griechen verpönte Aale und die außer Mode gekommene Fischart *kefalópsari* (Kopffisch) tummeln.

ÜBRIGENS

Im Frühjahr schwirren abends oft Glühwürmchen über See- und Meeresgestade. Die Griechen nennen sie ganz unromantisch ›Arschleuchten‹ *(kolófopties)*, weil diese blinkenden Käfer ihr Licht vom Heck aus senden.

Fahren Sie am besten bis zum Ende der Asphaltstraße und dann auf breiter, recht guter Piste über die nördliche Nehrung bis zum Kanal. Irgendwo unterwegs können Sie ins Meerwasser steigen, entweder an einer der beiden Beach Bars oder anderswo ganz allein. Wenn Sie fast tropisch sitzen und erstklassig essen wollen, steuern Sie anschließend die ausgeschilderte **Taverne Alonáki** nördlich des Sees fast direkt am Meer an. Da sitzen Sie in einem unglaublich blütenreichen Garten mit Blick auf einen winzigen Bootshafen, und können ansonsten selten Gebotenes auch ohne Vorbestellung ordern. Die kleinen Kohlrouladen *lachanodolmádes* sind ein Gedicht. Wer das täglich vorrätige, typisch korfiotische *bourdétto* bestellt, erhält hier einen ganzen Skorpionsfisch samt Kopf, der in roter Sauce schwimmt. Sogar kross gebratene, winzig kleine Krabben aus dem See werden serviert, die noch viel kleiner sind als der Granat an der Nordseeküste. Auch der im Korission-See gefangene *kefalópsari* wird hier an manchen Tagen noch zubereitet.

Korfus Süden ▶ Messongí-Moraítika

Der Seeregenpfeifer am Korissión-See trampelt mit den Füßen, um potentielle Leckerbissen an die Oberfläche zu locken. Ihm schmecken Würmer, Schnecken, Insekten und Krebstiere besonders gut.

Wer jetzt Appetit bekommen hat und die ganze Karte durchprobieren will, kann im Alonáki auch übernachten: 15 Zimmer und Apartments werden vermietet (T 26610 758 72, DZ im Mai ab 35 €, im August ab 50 €).

Messongí-Moraítika E 8

Die beiden vielbesuchten Badeorte trennt nichts weiter als eine schmale Flussmündung. Verbindende Elemente: eine kleine Personenfähre, die nahe der Mündung hin und her schippert, und etwas weiter flussaufwärts eine Straßenbrücke. Vor beiden Orten kräuseln sich die Wellen am mal grobsandigen, mal feinkiesigen Strand. Den säumen in Moraítika neben kleineren auch drei Großhotels, während am Strand von Messongí nur Hotelzwerge und Pensionen stehen. Insofern ist Messongí für Individualreisende der angenehmere Ort. Doch stopp! Für Moraítika spricht sein alter, echter Dorfkern jenseits der Hauptstraße am Hang.

Mit gezückter Kamera
Fahren oder gehen Sie von der Brücke zwischen Moraítika und Messongí gleich die erste Straße links hinein, kommen Sie in drei Minuten zum **Flusshafen.** Hier finden Ausflugsschiffe, Fischerboote und Jachten einen sicheren Ankerplatz, ein Anblick, den auch Rundreisende fotogen finden.

Auch an den korfiotischen Flussmündungen müssen Sie nicht mehr Mücken fürchten als anderswo. Die Flüsse führen im Sommer kaum Süßwasser, sondern werden von Meerwasser gefüllt.

Korfus Süden ▶ Messongí-Moraítika

Abends am schönsten
Das **alte Dorf Moraítika** westlich der Hauptstraße brauchen Sie sich als Rundreisende nicht wirklich anzuschauen. Wohnen Sie jedoch im Doppelort, können Sie hier angenehme Stunden in dörflicher Atmosphäre verbringen. Sehenswürdigkeiten gibt es hier zwar nicht, dafür aber mehrere gute Tavernen.

🏠 Pool oder Strand ist die Frage
Three Stars
Noch besser als im dreigeschossigen Haupthaus wohnt man in einem der beiden im traditionellen Stil erbauten, zweigeschossigen Apartmentreihen im großen, rückwärtigen Garten. Das inhabergeführte Hotel steht direkt am Strand. Salzlos glücklich werden Sie im Pool. Darüber hinaus gehören drei Villen für bis zu fünf Personen zur Anlage, die ohne Zweifel die schönste im ganzen Doppelort ist.
In Moraítika gleich westlich der Brücke über den Fluss in die erste Straße zum Strand einbiegen, T 26610 752 63, www.corfu3starshotel.com, DZ 50–90 €

F FISCH

Tavernen, die gern Fisch verkaufen, gibt es auf Korfu wie Sand am Meer. Ausgesprochene **Fischtavernen** sind eher selten – außer an der Straße zwischen Messóngi und Boúkari. Da stehen sie am felsigen Ufer, sind meist in den Landesfarben Weiß-Blau gehalten, verkaufen ihre gute Ware nach Kilopreis und nicht wie anderswo portionsweise. Beim Abwiegen sollten Sie dabei sein, um späteren Missverständnissen vorzubeugen.

🏠 Schwuppdiwupp im Wasser
Christina Beach
Die Terrasse des Hotels mit nur 16 Zimmern grenzt unmittelbar an den Strand. Auch einige der Zimmer im Erdgeschoss bieten direkten Strandzugang – da trennen keine 15 Schritte den Aufwachenden vom morgendlichen Bad im Ionischen

Fisch ist teuer. Da lohnt es sich schon, die Angel auszuwerfen. Einen Angelschein braucht man dafür nicht – also versuchen Sie es doch auch einmal!

Korfus Süden ▶ Messongí-Moraḯtika

Meer. Wirt Dímitri spricht gut Deutsch. Wer hier Quartier beziehen möchte, muss mindestens drei Nächte buchen.
Messongí, zwischen Dorfstraße und Strand, T 26610 767 71, www.hotelchristina.gr, DZ je nach Saison 40–110 €

🍴 Oh, wie schön!
Bella Vista
Nicht nur ein schöner, sondern der schönste Ausblick weit und breit ist der Trumpf dieser Taverne mit gutem Service durch Wirt Chrístos und seine Familie. Exzellentes *sofríto*, bei dem man den Weißwein in der Sauce herausschmeckt.
Moraḯtika, an der Straße zum obersten Dorfrand, T 69341 342 31, tgl. 12–15 und ab 18 Uhr, Hauptgerichte 9–15 €

🍴 Mitten im alten Dorf
Village Taverna
Tische auf blumengeschmückten Terrassen und auf dem Dach, griechische Musik, ab und an Kirchenglocken – Dorfatmosphäre. Die ersten Wörter, die sich Wirt Níkos auf Deutsch beibrachte, waren ›Knoblauch‹ und ›Zwiebeln‹, weil er deren Verwendung ganz nach den Wünschen der Gäste richtet. Lecker ist auch sein Kuchen aus selbst angebauten Äpfeln.
Im Zentrum des alten Moraḯtika, tgl. ab 18 Uhr, Hauptgerichte meist 8–12 €, Apfelkuchen 3,50 €

🍴 Endlich gute Saucen
Bacchus (Bakxos)
Das besondere Plus dieser Strandtaverne sind die leckeren Saucen, die man in Griechenland sonst oft vergeblich sucht. Besonders gut sind auch die mit verschiedenen Käsesorten gefüllten Paprikaschoten, ebenso die gefüllten Kalamares, die Kohlrouladen und die Miesmuscheln. Hinzu kommt eine umsichtige Wirtsfamilie, die auch etwas auf Tischkultur hält.
Messongí, am südlichen Strandende, T 26610 753 01, www.bacchus.gr, tgl. ab 10 Uhr, Hauptgerichte 8–18 €

✪ Top-Entertainer
Golden Beach Bar
Dieser Chrístos ist wahrhaft fernsehreif. Der Inhaber des großen Strandlokals übernimmt auch die Rolle des Moderators und Animateurs. Jeden Abend bietet er ein anderes Programm, von der Elvis-Show bis zur Latino-Nacht, vom griechischen Tanz bis zu vielsprachigem Quiz und Gesellschaftsspielchen. Da lernen leichte Mädchen auch schon mal auf einem Tisch zu tanzen, den ein starker griechischer Mann tanzend zwischen den Zähnen hält.
Am Strand von Moraḯtika, T 26610 759 40, Abendprogramm tgl. ab 21 Uhr

❶ Infos
Busverbindung mit Korfu-Stadt Mo–Sa 18 x tgl., So 7 x, außerdem 4–11 x tgl. mit Lefkími

---

IN DER UMGEBUNG

Bio und mehr
Die meisten Urlauber sind schnell durch Vraganiótika durch, denn die Straße hier ist bestens ausgebaut. Es wäre besser, langsam zu fahren. Direkt an der Hauptstraße steht nämlich die große **Ölmühle Mavroúdi** (▶ S. 96). Einzigartig auf der Insel ist die **Taverne Bióporos** (T 26610 762 24, www.bioporos.gr), zu der von der Hauptstraße nahe der Ölmühle ein nur auf den ersten 100 m asphaltiertes, 1400 m langes Sträßlein führt. Da haben sich Agáthi und Kóstas Vlássi auf ihrer 7 ha großen Farm ganz dem ökologischem Landbau verschrieben. Das Dach der Tavernenterrasse

NOCH WAS

Auf der Unterseite mit Plastik beschichtete Papiertischdecken sind Standard in fast allen Tavernen. Über den reinen Kleckerschutz hinaus sind sie für vieles nutze: So kann man auf ihnen während Wartezeiten auch Galgenmännchen oder Stadt-Land-Fluss spielen.

Von der Olive zum Öl – Vraganiótika

Wie gewinnt man aus Oliven Öl? Heute? Früher? Da bleiben Ihnen die moderne Ölmühle von Vraganiótika und das angeschlossene Museum keine Antwort schuldig. Worüber man dort weniger gern spricht, sind die Erzeugerpreise für die Bauern und die Löhne der Erntehelfer.

Agrarökonomisch optimierte Olivenhaine wie in Italien, Spanien oder auch der griechischen Chalkidikí gibt es auf Korfu fast gar nicht. Hier sind die Haine Wälder, vor Jahrhunderten gepflanzt. Venedig brauchte unermesslich viel Öl für seine Lampen, Kochtöpfe und Salatschüsseln. Darum förderte die Serenissima Ölbaumpflanzungen mit einer Prämie. Auch Seifen wurden aus den Pressrückständen gesiedet. Das Öl bildet auch heute noch ein dünnes Rückgrat der korfiotischen Agrarwirtschaft. Fast jede einheimische Familie besitzt zumindest einige Dutzend, oft auch mehrere Hundert Bäume. Das reicht für den eigenen Jahresvorrat. Überschüsse können direkt an die Ölmühlen verkauft werden – allerdings nur für unter drei Euro pro Liter. Ölmühlen gibt es in vielen Dörfern. Sie werden nicht etwa genossenschaftlich, sondern meist privat betrieben. Der Inhaber muss nicht bar bezahlt werden, sondern erhält meist zehn Prozent vom gepressten Öl.

Knochenarbeit

Wer viele Bäume besitzt oder selbst keine Lust zur Ernte hat, findet auf dem winterlichen Arbeitsmarkt Korfus genügend Tagelöhner. Die Erntearbeiten beginnen im November – da hat kaum jemand einen Job im Tourismus. Zunächst einmal werden arbeitslose Verwandte gefragt, von denen inzwischen jeder Korfiote genug hat. Danach wendet man sich an Albaner oder andere Osteuropäer. Mehr als 30 Euro für acht Stunden harte Arbeit darf niemand erwarten. Zunächst muss der Boden unter den Bäumen von starkem Bewuchs befreit werden. Dabei helfen kontrollierte Feuer, aber auch echte Bückarbeit ist gefordert.

OLIVEN

Schwarze und grüne Oliven stammen vom gleichen Baum, sind nur unterschiedlich reif. Tafeloliven wachsen auf Korfu kaum. Die stammen in den Tavernen meist aus Kalamáta auf dem Peloponnes, aus Kreta oder von der Chalkidikí.

Vraganiótika #13

Dem Öl der tollen Früchtchen werden jede Menge beeindruckende Eigenschaften nachgesagt: Es wirkt Krebs entgegen, ist gut fürs Herz und dann schmeckt's auch noch lecker...

Danach werden im Hain Netze ausgebreitet. Anders als etwa auf Kreta, wo die Oliven mit elektrischen Rüttelstäben vom Baum geschüttelt werden, überlässt man auf Korfu diese Arbeit Regen und Wind. Jeden zweiten Tag sollten die Netze kontrolliert, die aufgelesen Oliven zur Mühle gebracht werden. Liegen sie länger, steigt ihr Säuregehalt zu stark an. In der Mühle werden Blätter und Früchte getrennt, dann kann die Pressung losgehen.

Pressen, pressen, pressen

Wie die Ölpressung heutzutage abläuft, demonstrieren Ihnen Spíros und Vangélis Mavroúdis in ihrer erst 1992 gegründeten Ölmühle in Vraganiótika meist höchstpersönlich. Fünf bis sieben Kilo Oliven sind notwendig, um ein Kilo Öl zu gewinnen. Die Mühlsteine der alten steinernen Presse aus der Zeit um 1850 im Museum wurden einst von Eseln im Kreis gedreht. Diesel betrieb die ausgestellte Presse von 1906. Gearbeitet wird zwischen November und März oder April – je nach Erntemenge. Die fällt jedes Jahr unterschiedlich aus, denn die Bäume tragen nur jedes zweite Jahr üppig Früchte. Da Korfus Ölbäume fast nie künstlich bewässert werden, ist der Ertrag auch stark von der winterlichen Regenmenge abhängig.

Im Shop gibt's Olivenöle zum Verkosten und Kaufen. Zuhause schmecken sie auf jeden Fall besser als Öl aus dem Supermarkt – denn mit dem Genuss verbinden sich Bilder aus Korfu.

Faltplan: E 8

INFOS/ÖFFNUNGSZEITEN

Elaiotrívio Adelfí Mavroúdis: an der Hauptstraße in Vraganiótika, T 26610 767 59, Mo–Sa 8.30–20, So 9–13 Uhr, Eintritt frei

---

Linienbus: Alle Busse von Korfu-Stadt und Messongí-Moraítika in Richtung Lefkími und Kávos halten hier auf Wunsch.

KULINARISCHES FÜR ZWISCHENDRIN

Wo Korfioten fein speisen – **Archontikó:** Das moderne Panoramarestaurant auf einer Hügelkuppe oberhalb von Vraganiótika serviert an fein gedeckten Tischen super Steaks und mediterrane Küche. Auch bei Kaffee und Kuchen sitzt man im geräumigen Garten schön luftig.

Katzen gehören zum Straßenbild auf der Insel. In vielen Tavernen sind sie Stammgäste.

wird von fünf abgesägten Baumstämmen gestützt, der Blick reicht über Olivenbäume und den Koríssion-See bis aufs Meer hinaus. Die Auswahl gestaltet sich relativ übersichtlich, denn hier wird täglich frisch gekocht und gebacken. Cola steht nicht auf der Karte, dafür außer Bio-Wein sogar ein Bio-Tsípouro (Tresterschnaps). Die Inhaber vermieten auf dem Farmgelände auch zwei zweigeschossige Ferienhäuser mit Platz für bis zu fünf Personen (ab 95 €). Wer dort wohnt, kann schon frühmorgens von der Terrasse aus mit dem mitgebrachten Fernglas die Vogelwelt rund um den See studieren!

Prachtexemplar

Möchten Sie ein sehr ursprünglich gebliebenes Bergdorf nahe Messongí-Moraítika kennenlernen? Dann auf nach **Chlomós** (🗺 F 8), hier im Inselsüden das beste Exemplar seiner Art. Hervorstechendes Merkmal: Die meisten Bewohner sind weggezogen oder kommen nur noch am Wochenende und in den Schulferien herauf. Wie auch immer: Viel alte Bausubstanz aus venezianischer Zeit hat sich in die Gegenwart herübergerettet. Sehen Sie nur die vielen Torbögen, Türstürze und Fensterwandungen, die sich so kunstvoll heute kaum noch jemand leisten könnte! Wie für korfiotische Dörfer oft üblich, gibt es keinen markanten, großen Dorfplatz wie auf den griechischen Inseln der Ägäis, sondern nur zwei kaum merkliche Gassenerweiterungen im unteren Dorf, die hier als *platía* bezeichnet werden. An der oberen sind abends zwei Kafenía geöffnet, an der unteren nur eins – ein deutlicher Unterschied zu anderen Teilen Griechenlands. Magenknurren? Essen können Sie den ganzen Tag über in der **Taverne Sirtáki** (tgl. ab 9 Uhr) am westlichen Dorfeingang kurz vor dem Parkplatz. Mindestens ebenso schön sitzen Sie aber auch auf der anderen Seite des Dorfes in seiner zweiten Taverne, **Balís** (tgl. ab 10 Uhr, T 69482 712 16). Die Aussicht von beiden besticht und lohnt allein schon den Besuch von Chlomós.

Was machen die Ägypter hier?

Petrití (🗺 F 8) ist noch ein richtiger Fischerort. Im Hafen dümpeln nicht nur die üblichen kleinen Kaikis, sondern häufig auch etwas größere Trawler mit mehreren Mann Besatzung. Die flickt im Hafen meist emsig ihre Netze. Sicherlich fällt Ihnen auf, dass die meisten ›Matrosen‹ keine Griechen sind: Wie häufig auf größeren Fischerbooten hat zwar ein Hellene die Kapitänsmütze auf, die grobe Arbeit verrichten aber Ägypter aus dem Nildelta und von der Küste um Alexandria. Ihnen bei ihrer viel Geduld erfordernden Beschäftigung zuzusehen, ist die Hauptattraktion im Ort. Wer jetzt lieber dem Müßiggang fröhnt, steuert für ein entspanntes Stündchen das **Egrypos mit** Pool und Pool-Bar fast direkt am Hafen an. Dessen Wirt Tóni Kourtési spricht perfekt Deutsch, kein Wunder, ist er doch in Franken aufgewachsen. In seinem kleinen Hotel Egrypos kann man natürlich auch wohnen (T 26620 519 49, www.egrypos.gr, DZ je nach Saison 36–60 €).

Vom Hafen führt eine schmale Straße in einer Minute zum eher dürftigen Sand-

Korfus Süden ▶ Messongí-Moraítika

Kies-Strand des Dorfes. Reizvoll für gute Schwimmer: Gegenüber ragt ein winziges Inselchen aus dem Meer, auf dem drei Kreuze aufgerichtet wurden. Wer mag: Klamotten aus, man kann hinüberschwimmen.

Idyllische Gärten am Meer

Hier warten ganz ungewöhnliche Sonnenbadstunden auf Sie! Von Petríti aus müssen Sie landeinwärts durchs Dorf Roumanádes und unterhalb von Ágios Nikólaos vorbei fahren. So gelangen Sie zum **Nótos Beach** (🕮 F 8), dessen Juwel von sattem Grün gefasst ist: die **Taverne Panórama** (tgl. ab 10 Uhr, T 26620 517 07, www.panoramacorfu.gr). Wirt Athanásios Vagiás und seine Frau Ína haben hier den vielleicht schönsten Garten der Insel angelegt. Gleich am Eingang werden Sie von einer Statue der Athena, Göttin der Weisheit, begrüßt – Athanásios ist Archäologie- und Mythenliebhaber. Weitere antike Götter bevölkern den Garten. Die Terrassen, die auf verschiedenen Ebenen bis ans Wasser führen, strotzen nur so vor Zitronen- und Orangenbäumen, Bananenstauden, Yucca-Palmen und Kakteen. Sonnenliegen stehen locker verstreut zur kostenlosen Nutzung bereit, sogar ein kleiner Massage-Kiosk ist aufgebaut. Über einige Stufen kommen Sie zu winzigen Kiesflecken, die – am besten mit Badeschuhen – den Einstieg ins Meer erlauben, ein Steg soll vorbeifahrende Jachten zum Zwischenstopp bewegen. Übrigens: Athanásios' Eltern vermieten ganz in der Nähe auch 15 Studios mitten im Olivenwald. Fahren Sie von der Taverne Panórama noch etwa 500 m weiter, passieren Sie die **Taverne Savvas Beach** (T 26620 514 72, tgl. ab 9 Uhr) mit einer ganz anderen Gartenkonzeption. Hier stehen die Sonnenliegen vor allem im Schatten von Olivenbäumen, das Areal wirkt naturnah.

Betrachten Sie's als Leseübung: Kafe Balis steht auf der Hauswand. Das finden Sie im Bergdorf Chlomós bei Messongi im Inselsüden.

Ágios Geórgios Argirádon E 9

Nordsee am Mittelmeer: Ähnlich viel Sand wie beim hl. Georg finden Sie sonst nirgendwo auf der Insel. Schmale Sandstrände säumen fast den kompletten Ort, der sich über 2 km lang locker bebaut an der Küste entlangzieht. Gleich nördlich beginnt ein mehrere Hundert Meter breiter Dünenstrand. Er reicht bis zum Korissión-See und bedeckt auch noch dessen südliche Nehrung.

Sonnen, Surfen, Schwimmen
Im zum Binnendorf Argirádes gehörenden Ágios Geórgios macht man Urlaub, um viel Zeit am Strand, im oder auch auf dem Wasser zu verbringen. Anzuschauen gibt es nichts, einen Dorfkern ebensowenig: Diese Küstensiedlung ist nur in den Sommermonaten bevölkert, im Winter dagegen nahezu unbewohnt. Wer hier kein Quartier hat, sondern nur auf Rundreise ist, fährt einmal die Uferstraße entlang und steigt dann vielleicht an ihrem nördlichen Ende aus, um ganz nach Lust und Laune durch die Dünen zu wandern: Nordseeambiente, aber bei 30 Grad!

🏠 Für zwischendurch
Golden Sands
Wenn auch ein architektonisch einfallsloses Hotel mit überwiegend britischen Urlaubern, ist es doch wegen des guten Preis-Leistungsverhältnises besten Gewissens für eine Zwischenübernachtung auf der Rundreise zu empfehlen. Kleiner Pool mit Poolbar zwischen Hotelgebäude und Uferstraße, familiär geführt, brave Briten.
An der Uferstraße im südlichen Ortsteil, T 26620 512 25, www.corfugoldensands.com, DZ NS ab 40 €, HS ab 60 €

🍴 Kiter- und Surfertreff
Café Harley
Die Wirtin des Traveller- und Sportlertreffs heißt Anita und stammt aus Bayern, was man der Küche aber nicht anmerkt. Hier wird man schmack-

Die alten Olivenhaine auf Korfu bekommen heute vermutlich mehr Drahtesel als deren langohrige Namensvetter zu sehen. So ändern sich die Zeiten.

haft satt – und findet auf jeden Fall Gesprächspartner. Die Wirtin weiß auf fast jede Frage zum Ort und seinen Möglichkeiten die passende Antwort.
Am nördlichen Ende der Uferstraße, T 26620 525 40, tgl. ab 10 Uhr, Hauptgerichte 8–11 €

❶ Stachelrochen probieren?
O Kaféssas
Ákis hat in seinem irgendwie an Pippi Langstrumpfs Welt erinnernden Lokal schon Politprominenz, Showstars und Schönheitsköniginnen bewirtet, kümmert sich aber mit gleicher Inbrunst auch um alle anderen Gäste. Die Speisekarte dient hier vorrangig dem Gesetz – man geht in die Küche und wählt. Von der gebratenen Sardine bis zur Languste und zum Kaviar gibt es an jedem Tag frische Fische und auch Meeresfrüchte. Gelegentlich räuchert Ákis auch selbst. Besonders lecker: das korfiotische *bourdétto* mit Stachelrochen.
An der Uferstraße im südlichen Ortsteil, T 26620 510 90, www.kafesas.com, tgl. ab 9 Uhr, Hauptgerichte 9–16 €

☼ Wo ist was los?
Sea One Summer Club
Wenn überhaupt, dann ist in Àgios Geórgios direkt hier am Meer abends viel los. Die DJs sind bekannte Lokalmatadore, die Musikfarbe ist überwiegend Mainstream. Die Saison dauert für den Club von Ende Mai bis Anfang Oktober.
Am nördlichen Ende der Uferstraße, tgl. ab 21 Uhr

❂ Surfen, Kiten, SUP
Kite-Club
Der einzige relativ gute Kite-Spot der Insel ist die Küste vorm Korission-See. Hier sind die Bedingungen fürs Kiten besser als irgendwo sonst auf der Insel, der Untergrund ist sandig, die Stehtiefe reicht 50 m weit ins Meer hinaus. Der in Bayern aufgewachsene Jánnis gibt hier Kurse, wenn der Wind es erlaubt. Das erwachsene Töchterlein ist mit von der Partie. Auch Stand-Up-Paddling können Sie hier ausprobieren,

---

SPORTFREAK?

Sie können von Sport nicht genug kriegen? Der **Sportclub von Frosch-Sportreisen** in Ágios Geórgios Argirádon ist große Klasse, die dazugehörige Unterkunft im schönsten Hotel des Ortes, dem San Giorgio, ein Paradies. Surfen, Cat-Segeln, Kiten, Mountainbiken, Beachvolleyball und Wandern stehen auf dem Programm, das auch wochenweise ohne Anreise gebucht und so auch problemlos in einen längeren Urlaub eingebaut werden kann.
Frosch-Sportreisen, T (in Deutschland) 0251 927 88 10, www.frosch-sportreisen.de

---

Boards mieten oder auch an geführten Touren von 2–3 Stunden Dauer teilnehmen. Auch Mountainbikeverleih und geführte MTB-Touren.
Büro im Café Harley (s. o.), www.kite-club-korfu.com, Kiter-Grundkurs 333 €, Privatstunde 80 €

❶ Infos
Der Bus verbindet Ágios Geórgios Argirádon mit Korfu-Stadt 2 x tgl. Außerhalb der Saison keinerlei Busverkehr.

Lefkími ⌕ G 9

Korfus zweitgrößte Stadt ist völlig untouristisch. Nur entlang des 1,5 km landeinwärts liegenden Flusshafens warten ein paar Tavernen auf Fremde, ansonsten geht das Leben in der weitläufigen Siedlung seinen einheimischen, gemächlichen Gang. Eine viel zu breite, laternenbestückte Umgehungsstraße (von der EU finanziert) hält den Durchgangsverkehr zum Hafen und nach Kávos fern, so dass Lefkími noch lebloser wirkt als ohnehin schon: Es gibt viel zu viele alte Häuser für viel zu wenig junge Menschen.

Korfus Süden ▶ Lefkími

Pflichtstopp
Flusshafen und Strand
Über 1,5 km lang bildete der Fluss Pótamos (was einfach nur Fluss heißt) bis in die 1960er-Jahre hinein die Hauptverkehrsader des Städtchens. Dort, wo ihn im Ortskern heute die Straßenbrücke überquert, sind noch die Spuren alter Lagerhäuser zu entdecken: Früher wurden die landwirtschaftlichen Produkte und das Salz der Region von hier aus direkt hinüber aufs Festland verschickt, auch der Waren- und Personenverkehr in die Stadt spielte sich angesichts schlechter Straßen und mangelnder Fahrzeuge überwiegend übers Wasser ab. Alte Schwarzweißfotos in Tavernen und Cafés nahe der Brücke illustrieren die frühere Bedeutung des Hafens. Am rechten Flussufer führt eine Straße entlang bis zur Mündung, an der weitere Boote am Schilfufer liegen – auch sie ein romantischer Anblick. Die Straße endet am guten Sandstrand **Boúka Beach** mit Snackbar, Sonnenschirmvermietung und Süßwasserduschen.

Die großen Tage am Flusshafen von Lefkími sind vorbei. Aber er taugt noch als nette Kulisse beim Tavernenbesuch.

Flamingos statt Salz ✓
Alikés
(📖 G 8) ▶ S. 104

Richtig weit weg
Zérvos Apartments
Richtig weit weg vom Massentourismus wohnen Sie in einem der vier schlichten Zweizimmer-Apartments ganz nahe am Boúka Beach. Weit und breit ums kleine, zweigeschossige, auffällig rot gestrichene Haus wohnt kein anderer Urlauber, auch am Strand sind Sie fast ausschließlich unter Korfioten. Zur Brücke über den Fluss laufen Sie gut 20 Minuten.
Boúka Beach, T 26610 479 93, www.zervos-corfuapartments.gr, Apt. NS 50, HS 60 €

Generationsübergreifend
Cheeky Face
Hier kocht Muttern mit eigenem Olivenöl und selbst gemachtem Essig, brutzelt Kartoffeln aus dem eigenen Garten, lässt ihre Gäste auch gern noch in ihre Töpfe gucken und schaut die grimmig an, die sich bei der Konkurrenz niederlassen. Den Service erledigen ihr Sohn und ihre Enkeltochter äußerst freundlich, das Preis-Leistungsverhältnis stimmt.
Am linken Flussufer gleich oberhalb der Brücke, tgl. ab 9 Uhr, T 26620 226 27

Infos
Busverbindung: mit Korfu-Stadt und Kávos Mo–Sa 11 x tgl., Sa 8 x, So 4 x. Bei Anreise per Linienbus sollten Sie nicht an der Platía, sondern besser an der Brücke über den Fluss Pótamos aussteigen!

IN DER UMGEBUNG

Strand-Alternativen
Zwischen Ágios Geórgios Argirádon und der Südspitze von Korfu liegen noch über ein halbes Dutzend guter Sandstrände zwischen **Marathiás** (📖 F 9) und **Katoulla Beach** (📖 G 10), zu denen von der Inseltransversale Stichstraßen führen. Richtige Orte gehören

Was die wohl hören? Witze oder Musik? Ganz bestimmt keine Rede im Parlament. Die würde sie wohl eher zum Weinen bringen...

nicht dazu, doch in der Nähe fast aller Strände gibt es Tavernen und kleine Apartmenthäuser. Hier fühlt sich gut aufgehoben, wer in den Ferien fast nur baden und in der Sonne liegen möchte oder auf Rundfahrten Strände Korfus sammeln will.

Und jetzt vielleicht doch noch ein wenig die Füße vertreten? Südlich vom Katoulla Beach biegt ab einem kleinen Fischereischutzhafen eine Zementstraße ab und führt noch 900 m weiter an der Küste entlang. An ihrem Ende heißt's Auto stehen lassen. In etwa 30 Minuten wandern Sie zum völlig einsamen **Arkoudíla Beach** (M G 10).

Gäste zum Gruseln

Korfus südlichste Häuseransammlung **Kávos** (M H 10) ist ein Ort, ums kalte Grausen zu bekommen. Zusammen mit Faliráki auf Rhodos und Laganás auf Zákinthos ist er jeden Sommer wieder auch für die griechischen Medien ein Ziel, auf das man mit Fingern zeigt: schlimmster Auswuchs von jugendlichem Massentourismus, Lieblingsort britischer Hooligans. Die Bars und Tavernen in Kávos übertreffen sich gegenseitig in der Zahl der installierten Flachbildschirme für Videoclips und Sportübertragungen, ein gutes englisches Frühstück wird überall auch noch nachmittags und am frühen Abend serviert. Fast täglich finden in einer der vielen Discos Schaum- oder andere Mottopartys statt, jeden Morgen stolpern die letzten schwankenden Versprengten durch klirrende Scherbenhaufen über die Hauptstraße. Griechische Schrift ist hier kaum irgendwo zu lesen, auch die Speisekarten sind fast ausschließlich auf Englisch verfasst.

POOLS

Nicht nur in Kávos, sondern überall auf Korfu stehen fast alle Pools von Hotels und Pensionen auch Non-Residents offen. Einzige Bedingung: Konsum an der Pool-Bar!

Salz und Flamingos – Alikés

Steht Ihnen der Sinn nach Natur und Ruhe, dann fahren Sie nach Alikés, einem abgelegenen Ortsteil von Lefkími. Mit etwas Glück erblicken Sie zwischen Oktober und Juni Hunderte Rosaflamingos. Anspruchslose Romantiker bleiben sogar über Nacht – denn weltabgeschiedener kann man auf Korfu kaum wohnen.

Fast 200 Vogelarten haben Ornithologen in den ehemaligen Salinen von Alikés gezählt. Am spektakulärsten sind die Flamingos. An einem Tag im Mai 2011 wurden hier über 3000 der rosa Vögel gezählt. Doch bleiben wir bescheiden: Wenn Sie 100 bis 300 sehen, können Sie zufrieden sein. Manche bleiben neuerdings auch im Sommer, doch darauf ist kein Verlass. Vogelkundler notierten außerdem noch anderes Vogelvieh wie Stelzenläufer, Steinwälzer, Seidenreiher, Sichelstrandläufer, Stieglitze, Sand- und Seeregenpfeifer.

Gold des Meeres

Die aufgelassenen **Salinen** 1 legten die Venezianer schon im 15. Jh. an. Erst 1988 stellte man die Salzgewinnung ein – billige Importe machten sie unrentabel. Mit EU-Fördermitteln wurden zu Beginn unseres Jahrtausends zwei venezianische Salzlagerhäuser aufwendig restauriert, ein Besucherzentrum samt exzellenter Toiletten eingerichtet. Leider ist es meist geschlossen. Vom Zentrum aus können Sie auf eigene Faust durch das 4 ha große Areal wandern. Ausgewiesene Wege fehlen, doch auf Dämmen, Pfaden oder auch am Ufer entlang geht's vorbei an flachen Wasserbecken, kleinen Wasserläufen, salzigem Schlick und Salzwiesen. Kaum jemand wird Ihnen begegnen.

Ein Heer von Glühwürmchen

Der Weiler **Alikés** 2 in unmittelbarer Nachbarschaft zu den alten Salinen ist auch nicht sehr viel belebter. Ein paar Korfioten haben dort ihre Sommerhäuser, ein unendlich scheinender, etwas baufälliger Holzsteg führt weit hinaus in die

ÜBRIGENS

Warum stehen Flamingos im Wasser nur auf einem Bein? Wollen sie das andere schonen, haben sie gar Hüftprobleme? Keineswegs. Das zweite wärmen sie im Gefieder und wechseln regelmäßig das Standbein. Nachahmung wohl kaum empfehlenswert!

seichte Bucht. An seinem Ansatz ist die Taverne **Petrakis Beach** 1 samt Zimmervermietung das ganze Jahr über geöffnet – ideal für Hobby-Ornithologen und alle, die sich an der eigenwilligen Atmosphäre und Möblierung nicht stören, weil sie ein Korfu abseits aller Touristenstandards erleben möchten. Zur Taverne gehören auch Sonnenliegen, die die Gäste ebenso nach Lust und Laune umstellen dürfen wie Tische und Stühle. Die Taverne erscheint für die wenigen Gäste viel zu groß – das Geheimnis: Sie ist darauf angelegt, zwei- bis dreimal im Jahr den Gästen von Hochzeits- oder Tauffeiern Platz zu bieten. Da wird dann mehr Umsatz gemacht als sonst im ganzen Quartal.

Wie lange steht ein Flamingo auf einem Bein? Suchen Sie die Antwort in Alikés!

Das unmittelbare Hinterland bedecken Ölbäume, hier stehen vereinzelt Häuser – und etwa 1 km westlich vom Steg ein Großhotel mit 170 Zimmern und zwei Pools: das **Attika Beach** 2. Für alle, die die Atmosphäre dieses ungewöhnlichen Landstrichs mit mehr Komfort genießen wollen.

Abende an der Bucht sind unvergleichlich. Das Wasser ist meist spiegelglatt, reflektiert das Sternen- und Mondlicht. Im April und Mai schweben Hunderte von Glühwürmchen über dem Meer – und in der Ferne leuchtet Korfu-Stadt.

INFOS
Keine Linienbusverbindung

IN FREMDEN BETTEN
Rent Rooms Petrakis Beach 1: 1958 eröffnet, 2004 modernisiert. Vorher anrufen. Zwölf Zimmer mit Balkon für bis zu vier Personen (T 26620 227 77, www.petrakisbeach.com.gr, DZ ganzjährig ab 25 €)
Attika Beach 2: Naja, ein Großhotel, aber eins der angenehmeren Art. Zwei Pools, nur mit Halbpension buchbar, oft sehr günstige Pauschalangebote (T 26620 239 90, www.attikahotel.gr, 3 Tage im Mai mit Flug ab Deutschland und HP ab 381 €/Pers.)

Faltplan: G 8

Korfus größte Schwester – **Páxos**

Bootsausflüge? Gerne, aber nur auf eigene Faust? Dann schiffen Sie nach Páxos hinüber, der größten der fünf bewohnten Inseln im Umkreis von Korfu. Und entdecken Sie die Insel-Schöne mit dem Linienbus oder Mietwagen!

Páxos gleicht einem riesigen Olivenwald. Vom Meer aus zu sehen sind nur die drei Küstenorte, doch über die Insel verteilt ducken sich alte Bauernhäuser im dichten Grün. Die meisten sind heute in der Hand paxiotisch-britischer Reiseveranstalter. Auf Páxos leben etwa 2200 Menschen – und schätzen sich glücklich, dass ihre Heimat vor allem dank zahlreicher Urlauber mit Niveau ursprünglich und unverdorben geblieben ist.

Drei kleine Küstenorte

Schon die Minuten vor der Ankunft im Hauptort **Gaíos** 1 sind ein Erlebnis. Dem Ort vorgelagert ist nämlich das Inselchen **Ágios Nikólaos** 2, das die Ruine einer 1423 von den Venezianern errichteten Festung trägt. Das Eiland schmiegt sich so dicht an die Uferlinie von Páxos, dass Sie sich wie auf einem schmalen Fluss fühlen. Am Ufer sind Jachten, Fischer- und Ausflugsboote vertäut, kurz: Idylle pur. Ein Stückchen weiter draußen liegt noch ein Inselzwerg, **Panagía** 3, auf dem ein Leuchtturm und eine Marienwallfahrtskirche stehen. Alljährlich am 14./15. August pilgern zahlreiche Gläubige per Boot dorthin.

Gáios sonnt sich noch im Glanz des 19. und frühen 20. Jh. Durch seine vielen klassizistischen, ziegelgedeckten Villen wirkt es fast städtisch. Unbestrittener Mittelpunkt allen Lebens ist die kleine Platía am Wasser mit Cafés und Tavernen. Schlendern Sie die Uferstraße auf und ab, werfen Sie einen Blick in die blumenreichen Seitengassen – und das war's, Ortsbesichtigung beendet.

Longós 4 ist der kleinste der drei Küstenorte. Sein kurzer Kiesstrand vor einer alten Olivenölfabrik mit hoher Esse und stattlichem Eingangsportal besitzt dank dieser Kulisse einen besonderen

---

INFOS

Fähre: ca. 8 Uhr Abfahrt in Kérkira, Ankunft 9 Uhr. Rückfahrt ca. 18, Ankunft Kérkira 19 Uhr, hin und zurück 21 €. Fahrplan auf www.paxos-greece.com

Inselbus: ab Gáios über Longós nach Lákka 10 Uhr, Rückfahrt ab Lákka 14.15 Uhr, Ankunft Gáios ca. 15 Uhr, hin und zurück ca. 6 €

Mietwagen: Ionian, T 26620 325 53, Ita's T 26620 320 07. Übernahme und Abgabe am Hafen, ab ca. 30 €/Tag

KULINARISCHES FÜR ZWISCHENDRIN

Volcáno: Ihre Zeit ist knapp, da reicht eine Grillstube in schönster Lage (an der Platía von Gáios, T 26620 320 44, Gyros-Pítta ca. 2,50 €)!

optischen Reiz. **Lákka** 5 im Inselnorden besticht durch seine Lage in einer tief eingeschnittenen wunderbaren Bucht. Wem nicht nach Baden ist, kann nett am Hafen sitzen oder auch zum kleinen **Leuchtturm** 6 spazieren.

Durch silbrig-grünen Olivenwald

Wenn Sie sich ein Auto oder Motorrad gemietet haben, bietet sich auf der Rückfahrt nach Gaíos ein Abstecher zur größten archäologischen Sehenswürdigkeit der Insel an, der Ihnen nochmal vor Augen führt: Páxos ist wunderbar. Folgen Sie an der Tankstelle von **Magaziá** 7 dem Wegweiser zur den ›**Stone Carved Cisterns**‹ 8. Vorbei an sehr geringen Überresten antiker Gräber gelangen Sie – die letzten 200 m auf einem Fußpfad – zu mittelalterlichen Zisternen. In den Fels gemeißelte Kanäle leiteten das Regenwasser in unterirdische Kammern. Über den Zugangsschächten errichtete man wohl für Wächter einfache Steinhütten.

NOCH WAS

Vielleicht können Sie Páxos auch mit dem Wasserflugzeug von Korfu aus ansteuern. Googlen Sie einfach »Seaplanes Corfu«. Vielleicht wurde die staatliche Genehmigung nach jahrelangem Gezerre ja endlich erteilt!

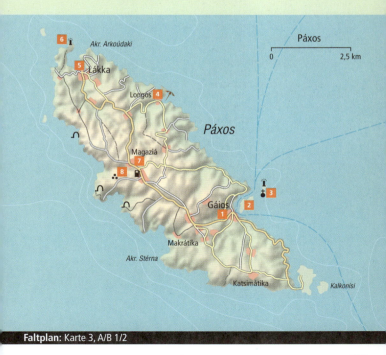

Faltplan: Karte 3, A/B 1/2

Hin & weg

ANKUNFT

Mit dem Flugzeug
Im Sommerhalbjahr wird Korfu von zahlreichen Billig- und Charterfluggesellschaften aus den deutschsprachigen Ländern angeflogen. Auch Lufthansa steuert dann Korfu einmal wöchentlich von München aus an. Ganzjährig bestehen täglich mehrere Verbindungen zwischen Korfu und Athen, die meisten mit Olympic/Aegean Air.

Flughafenbusse
Die Buslinie 15 (1,20 €) verbindet den Terminal des Flughafens mindestens einmal stündlich mit dem Fernbusbahnhof der Stadt und der zentralen Platía Sarocco als Schnittpunkt aller Stadtbuslinien.
Auskunft Linie 15 und andere Stadtbuslinien: T 26610 315 95, www.astikoktelkerkyras.gr
Auskunft Fernbusse: T 26610 289 00, www.greenbuses.gr

Taxis
Taxis warten in großer Zahl vor dem Flughafenterminal. Fahrt in die Innenstadt 10–13 €

Mit der Fähre
Autofähren verbinden die Stadt Korfu mit Bari und Brindisi in Italien. Fahrpläne u. a. auf www.greekferries.gr

Mit dem Kreuzfahrtschiff
Um Korfu zu erleben, brauchen Sie keinen teuren Ausflug zu buchen. Shuttlebusse bringen Sie direkt ins Stadtzentrum, in dem Sie gut einen ganzen, interessanten Tag auf eigene Faust verbringen können.

Einreisebestimmungen
Ausweispapiere: Für EU-Bürger und Schweizer genügt ein gültiger Personalausweis. Kinder müssen ein eigenes Reisedokument mitführen.
Haustiere: Für Hunde benötigt man den EU-Heimtierausweis, ein eingepflanzter Mikrochip ist Pflicht.
Zollbestimmungen: Waren zum persönlichen Gebrauch können EU-Bürger zollfrei mitführen: bis zu 800 Zigaretten, 90 l Wein, 10 l Schnaps sind daher frei. Für Schweizer Bürger (und bei Duty-Free-Waren) gelten jedoch die alten Grenzen: 250 Zigaretten, 5 l Wein und 1 l Spirituosen über 22 % Alkohol.

GESUNDHEIT

Die Erstbehandlungen in **akuten Notfällen** ist in staatlichen Krankenhäusern kostenlos, man zahlt nur Medikamente und Material. Die Ärzte sprechen meist Englisch. Die Behandlung bei niedergelassenen Ärzten müssen Sie bar oder per Kreditkarte bezahlen, gegen Quittung (auf Englisch) erstatten die deutschen Krankenkassen diese Kosten in Höhe ihrer Regelsätze.
Die European Health Insurance Card der gesetzlichen Krankenversicherungen wird meist nicht akzeptiert. Der Abschluss einer **Auslandskrankenversicherung** ist ratsam, zumal sie häufig einen medizinisch notwendigen Rücktransport in die Heimat einschließt.

Der **Anflug auf Korfu** begeistert mich immer wieder. Meist schweben die Maschinen von Süden her ein, fliegen dicht an der Küste entlang und brausen über Vlachérna und die Mäuseinsel hinweg. Erst zwei Sekunden vor dem Aufsetzen ist Land unter dem Fahrwerk. Weht der Wind einmal anders, schwebt der Jet ganz niedrig über die Dächer der Stadt hinweg ein – auch das ist atemberaubend spannend.

INFORMATIONSQUELLEN

Griechische Zentrale für Fremdenverkehr (EOT)
... in Deutschland
Holzgraben 31, T 069 257 82 70
60313 Frankfurt/M
info@visitgreece.com.de

... in Österreich
Opernring 8, T 01 512 53 17
1010 Wien
grect@vienna.at

Im Internet
www.in-greece.de: gute Chat-Foren für alle Griechenland- und Korfu-Fans
www.visitgreece.gr: offizielle Website der Griechischen Zentrale für Fremdenverkehr
www.culture.gr: brauchbare Seite des griechischen Kultusministeriums. Hier finden Sie ausführliche Infos (mit Fotos) zu nahezu allen Museen und Ausgrabungsstätten der Insel und meist auch Öffnungszeiten und Eintrittspreise.
www.agni.gr: sehr informative Website eines großen korfiotischen Reisebüros, auch Vermittlung von Ferienhäusern
www.allcorfu.com: kommerzielle, umfangreiche Website zu vielen Orten Korfus
www.corfuvisit.net: die offizielle Website der Gemeinde Korfu, auch mit Videos

KLIMA UND REISEZEIT

Für einen Badeurlaub sind die Monate Mai bis September am besten geeignet. Auch im Oktober und Anfang November ist das Meer noch über 20 °C warm, aber in beiden Monaten muss man mit kräftigen Gewittern und fast täglich ein paar Regenschauern rechnen. Der regenreichste Monat ist der Januar. Schnee fällt fast nie.
Wer viel wandern oder radeln möchte, kommt am besten im Mai, wenn die Natur in voller Blüte steht. Keinen einzigen Regentag verzeichnet die Wetterstatistik im Juli und August, wenn allerdings mit 30 °C auch die höchsten Tagestemperaturen gemessen werden. Auch Spitzenwerte von bis zu 40 °C sind an einigen Tagen möglich. Nachts sinkt das Thermometer zwischen Juni und September auf Temperaturen um die 20 °C, in allen anderen Monaten ist für die Abende eine warme Jacke angebracht.

REISEN MIT HANDICAP

Anbieter organisierter Reisen ist u. a. www.weitsprung-reisen.de. Behindertengerechte Hotels werden auf www.behindertengerechte-reisen.com aufgeführt.

SICHERHEIT UND NOTFÄLLE

Die Kriminalitätsrate in Griechenland gehört zu den niedrigsten in Europa. Auch auf Korfu braucht man sich vor Raubüberfällen auf offener Straße, Handtaschenraub vom Motorrad aus oder Einbrüchen in Hotelzimmer nicht sonderlich zu sorgen. Taschendiebstahl wird allerdings immer häufiger. Insbesondere in öffentlichen Verkehrsmitteln und bei Großveranstaltungen ist die übliche Vorsicht angebracht.

Wichtige Notrufnummern
Krankenwagen, Polizei und Feuerwehr: T 112; gebührenfrei, Englisch wird fast immer verstanden.
Pannendienst: T 10444, Autovermieter arbeiten allerdings meist mit eigenen, privaten Pannenhilfsdiensten zusammen.
Sperren von Kreditkarten: T 0049 11 61 16, von Maestro-, Bank- und Sparkassen-Card: 0049 18 05 02 10 21
Deutsche Botschaft: T 210 728 51 11 www.griechenland.diplo.de
Österreichische Botschaft: T 210 725 72 70, https://www.bmeia.gv.at/oeb-athen/
Schweizer Botschaft: T 210 723 03 64, www.eda.admin.ch/athens

Hin & weg

SPORT UND AKTIVITÄTEN

Baden
Alle korfiotischen Strände sind öffentlich zugänglich. Eine ›Baywatch‹ gibt es nur an besonders gut besuchten Stränden. Sonnenliegen und -schirme werden vor vielen Hotels, Tavernen und Beach Bars vermietet (Schirm plus zwei Liegen meist 5–8 € pro Tag).
Quallen sind selten, mit Seeigeln muss jedoch auf steinigem Untergrund gerechnet werden. Haie gibt es in Strandnähe nicht. Der im Winter angespülte Tang wird erst Mitte Mai entfernt – vorher muss man oft durch meterdicke Tangschichten ins Wasser stapfen.

Biking
Das Radfahren auf Korfu erfordert gute Kondition, denn es geht fast ständig auf und ab. Zahlreiche schmale, kaum befahrene Landstraßen und gute Feldwege sind ein ideales Terrain für anspruchsvolle Mountainbiker. Auch geführte Touren werden angeboten, meist mit Transfer vom und zum Hotel. Die besten MTB-Stationen finden Sie in Dassiá (▶ S. 53) und Acharávi (▶ S. 66).

Golf
Korfus Golfplatz, einer von nur drei auf den griechischen Inseln, ist eine Wasser verschlingende grüne Oase. Das Clubhaus lohnt auch für Nichtgolfer zur Tea Time (▶ S. 87).

Motorboote
Motorboote können Sie in nahezu jedem Ort an Korfus Küsten mieten. Zum Führen von Motorbooten bis zu 30 PS genügt ein Pkw-Führerschein, Vorerfahrung ist nicht notwendig. Nach kurzer Einweisung ist man Kapitän.

Segeln
Möglichkeiten zum Jollen- und Katamaransegeln bieten vor allem Wassersportstationen in Ágios Geórgios Págon und in Dassiá. Die Marina von Gouviá ist einer der größten Jachthäfen Griechenlands. Hier sowie in der Stadt haben auch mehrere Jachtvermieter ihre Basis, bei denen Sie Segeljachten mit und ohne Skipper wochenweise chartern können. Einzelne Jachtbesitzer bieten auch Gelegenheit zu Tagestörns für Nichtsegler.

Surfen und Kiten
Der berühmte Meltémi, der viele Ägäis-Inseln zu Hotspots mit Starkwind-Revieren macht, kommt nicht bis Korfu. Hier weht an Sommernachmittagen der aus Nordwesten blasende Maistros, dessen Stärke nur selten 4 Beaufort übersteigt.
Surfstationen gibt es in allen größeren Badeorten. Für Anfänger sind die Buchten an der Ostküste bestens geeignet. Könner haben eher an der Nord- und Westküste Spaß. Kite-Surfing wird bisher nur in Ágios Geórgios Argirádon (▶ S. 100) angeboten.

Tauchen
Anders als in der Ägäis gibt es im Ionischen Meer nur wenige Sperrgebiete, in denen aus Gründen des Antikenschutzes das Gerätetauchen untersagt ist. Als beste Tauchreviere gelten ein etwa 10 km langer Küstenstreifen an der Westküste zwischen Liapádes und Érmones sowie ein etwa 5 km langes Gebiet im Nordosten zwischen Barbáti und Agní. Etwa zehn Tauchbasen finden Sie über die Insel verteilt; die Tauchlehrer sind zumeist Deutsche und Briten.

Wandern
Für Wanderfreunde wäre Korfu mit seinen Olivenwäldern, grünen Ebenen und zahllosen Hügeln ein ideales Revier, wenn es bessere Wanderkarten und Markierungen gäbe. Böse verlaufen kann man sich allerdings kaum, nur ärgerliche Umwege machen. Wanderer sollten unbedingt feste, halbhohe Schuhe und lange Hosen tragen, denn insbesondere im Frühjahr begegnet man (zumeist ungiftigen und ohnehin vor Menschen flüchtenden) Schlangen. Lange Hosen verhindern auch Kratzer an den Beinen beim Gang durchs dornige Gestrüpp.

Hin & weg

Noch am besten organisiert und gepflegt ist der etwa 250 km lange **Corfu Trail,** der kreuz und quer die Insel der Länge nach durchquert. Start- bzw. Endpunkte liegen in Arkoudíla an der Südspitze der Insel und am Kap Agía Ekateríni zwischen Kassiópi und Acharávi ganz im Norden. Einzeln buchbare, geführte Halbtageswanderungen finden Sie auf www.servos-korfu.de.

Die beste **Karte** für Wanderer kommt aus dem Anavasi-Verlag, 2017 gedruckt im Maßstab 1:56 000 (www.anavasi.gr).

TOILETTEN

Außer in einigen erstklassigen Hotels ist es überall üblich, das Toilettenpapier nicht in die Toilette, sondern in daneben stehende Papierkörbe oder Eimer zu werfen.

ÜBERNACHTEN

Auf Korfu werden schätzungsweise etwa 80 000 Fremdenbetten vermietet. Großhotels stehen vor allem an der Ostküste zwischen Messongí-Moraítika und Dassiá, an der Nordküste zwischen Acharávi und Róda sowie in Paleokastrítsa, am Strand von Pélekas und in Ágios Górdis. Aber selbst an diesen Orten und Küstenabschnitten finden Sie noch viele kleine Hotels und Pensionen, Apartmentanlagen und Ferienhäuser. Der Individualist wird also überall fündig, sogar in manchen Dörfern, z. B. Pélekas, abseits der Strände.

Historische Häuser
Wer stilvolle Hotels in historischen Häusern sucht, wird vor allem in der Stadt Korfu fündig. Ein kleines historisches Juwel ist auch die Villa de Loulia in Perouládes im äußersten Nordwesten (https://villadeloulia.gr).

Landhotels
Schöne Landhotels in alten Häusern stehen in Fundána zwischen Dassiá und Paleokastrítsa (www.fundanavillas.com) sowie mit der Pension Marída im alten Teil des Binnendorfs Ágios Ioánnis (T 26610 524 07). Beide sind sehr erschwinglich.

Gutshaus-Hotel
Ein Gutshaus-Hotel für höchste Ansprüche ist der Pélekas Country Club in einem venezianischen Landsitz aus dem 18. Jh. Hier haben auch schon Staatschefs wie Francois Mitterand und Geórgios Papandréou logiert (www.country-club.gr).

Echte Strandhotels
›Beach‹ führen viele Hotels weltweit im Namen. Die meisten von ihnen stehen viel weiter als 20 m vom Strand. Auf Korfu gibt es einige wenige echte Strandhotels, in denen das Meer nur einen Hüpfer vom Bett entfernt lockt. Sie wurden schon vor dem Verbot errichtet, so dicht am Wasser zu bauen, sind aber alle inzwischen modernisiert. Dazu gehören das Hotel Dassiá Beach in Dassiá (► S. 52), das Hotel Christína Beach in Messongí (► S. 94).

Studios und Apartments
Der Unterschied zwischen beiden? Studios bestehen in der Regel nur aus einem Zimmer mit Kitchenette. Apartments sind geräumiger, bieten meist bis zu fünf Personen Platz und verfügen über bessere – wenn auch nicht immer gute – Kochmöglichkeiten. Studios und Apartments sind

Griechische Urlauber sind ungern ihre eigenen Zimmermädchen. Darum sind Bett- und Badwäsche anders als etwa in Dänemark immer im Mietpreis von Ferienhäusern, Apartments und Studios inbegriffen. Auch für die Endreinigung werden fast nie Extra-Gebühren fällig.

Hin & weg

ÜBRIGENS

Einen guten Überblick über das Angebot in den einzelnen Orten gewähren **Hotelportale**. Mit Abstand das umfangreichste für Griechenland ist www.booking.com. Da finden Sie massenweise Bilder und sehr ausführliche Zimmerbeschreibungen. Buchen müssen Sie auf der Site dennoch nicht. Als Menschenfreund bemitleiden Sie den Hotelier, der 15–20 % des Zimmerpreises ans Hotelportal abführen muss. Als Pfennigfuchser rufen Sie im Hotel an und fragen nach dem Direktbuchungspreis. Meist liegt der geringfügig niedriger als bei Reservierung übers Portal.

fast immer sehr viel preisgünstiger als entsprechend große Hotel- und Pensionszimmer in gleicher Lage, bieten aber trotzdem manchmal auch Pool und Poolbar. Darauf, dass es keine rund um die Uhr besetzte Rezeption und keine Lobby gibt, verzichtet man da doch gerne. Studios nennen die Griechen übrigens *gazoniéres*, Apartments heißen *diamerísmata*.

Ferienhäuser
Freistehende Ferienhäuser gibt es auf Korfu mehr als auf vielen anderen griechischen Inseln. Einige wenige finden Sie in den Katalogen der gängigen Großveranstalter. Sehr viel umfangreicher ist aber das Angebot von Ferienhausspezialisten. Für Korfu sind das vor allem:
www.jassu.de
www.corfu24.de
www.korfu-ferienhaus.com
www.fewo-direkt.de
www.agni.gr
www.korfu-apartments.de
www.ferienhausmiete.de
www.pelekas-korfu.de
www.korfucorfu.de
www.atraveo.de

Wann buchen?
Reisen ist für mich am schönsten, wenn ich morgens nicht weiß, wo ich abends übernachten werde. Außer im Juli und August geht das auf Korfu jederzeit, wenn ich nicht gerade eine bestimmte Unterkunft im Auge habe. Statt wie früher von Tür zu Tür zu gehen, schaue ich jetzt auch auf Hotelportalen, wo gerade noch Zimmer frei sind.
Wer so aus irgendwelchen Gründen nicht reisen kann oder will, kann natürlich auch auf Korfu seine Unterkunft lange im Voraus buchen. Hotels und Pensionen stellen jedoch nicht immer ihre Preise ins Netz, sondern erwarten eine entsprechende Anfrage des Interessenten. Außerdem sind ihre Rücktritts- und Änderungsbedingungen sowie die Höhe der geforderten Anzahlung oft nicht sehr kundenfreundlich – da kann sie durchaus günstiger sein, via Reiseveranstalter oder Hotelportal zu reservieren.

UMGANGSFORMEN

Die Korfioten kleiden sich gut, aber meist leger. Krawatte und Abendkleid können zu Hause bleiben. Im Gespräch geht man schnell zum Vornamen über. Einladungen nach Hause erfolgen äußerst selten, auch mit engen Freunden trifft man sich lieber in einem Lokal. In den selten gewordenen Fällen, dass Sie von einem Korfioten zu einem Kaffee oder Ouzo eingeladen werden, dürfen Sie sich auf keinen Fall mit einer Gegeneinladung revanchieren. Das wäre beleidigend, der Korfiote besitzt das Heimrecht. Seien Sie dafür nett zu Ausländern daheim!
In Kirchen sollten Schultern und Knie bedeckt sein. Ein Kopftuch tragen hingegen nur osteuropäische Orthodoxe. Verschränken Sie in Kirchen nicht die Arme oder Beine und wenden Sie Ikonen in unmittelbarer Nähe nicht den Rücken zu. Andächtiges Stillschweigen wird von Ihnen hingegen selbst während Gottesdiensten nicht erwartet,

Hin & weg

auch die Korfioten unterhalten sich manchmal leise.
Fehler gestehen auch Korfioten nur ungern ein. Wenn Sie in Hotel oder Taverne etwas zu reklamieren haben, appellieren Sie besser an die Hilfsbereitschaft und die großen Fähigkeiten des Gegenübers, Ihnen zu helfen, als lautstark auf Ihrem Recht zu bestehen.

VERKEHRSMITTEL

Küstenschifffahrt
Einen Linienschiffsverkehr zwischen korfiotischen Orten gibt es nicht. Von vielen Badeorten an der Ostküste aus werden vor allem spätnachmittags Ausflugsfahrten in die Stadt angeboten, von Gouviá und Dassía aus auch nach Kassiópi.

Bus
Linienbusse sind das wichtigste öffentliche Verkehrsmittel auf der Insel. Auf Korfu gibt es davon zwei Kategorien: die Stadtbusse, die aber auch außerhalb der Stadt bis nach Benítses, Pélekas und zum Achíllion fahren, sowie die Fernbusse, die die Stadt mit den meisten anderen Inseldörfern verbinden.

Taxi
Taxis sind zahlreich vorhanden und verfügen über Taxameter. Für Tagesausflüge mit dem Taxi kann der Preis frei vereinbart werden.

Mietfahrzeuge
Mietwagen werden in allen Städten und Touristenzentren in großer Zahl angeboten. Sonderangebote sind häufig, Rabatte auf Nachfrage leicht zu erzielen. Vollkaskoversicherung wird immer angeboten, deckt jedoch fast nie Schäden an den Reifen und an der Wagenunterseite ab. Das Mindestalter für Mieter ist meist 21 Jahre.
Mopeds und Motorräder: Mopeds werden in allen Städten und Urlauberzentren vermietet. Für Mopeds und Roller wird ein Auto-Führerschein benötigt, für Motorräder ein Führerschein der jeweiligen Klasse.

VERKEHRSVERHALTEN

Korfus Straßen sind zumeist sehr kurvenreich und schmal, führen ständig auf und ab. Eine mehrspurige Straße gibt es nur zwischen der Stadt und Gouviá. Gut ausgebaut und mit längeren Geraden ist die Straße zwischen Gouviá und Paleokastrítsa. In einigen Dörfern wird der einspurige Verkehr durch Ampeln geregelt. Grundsätzlich müssen Sie immer mit plötzlichen Fahrbahnverengungen rechnen. Korfioten schneiden gern die Kurven – also immer ganz rechts fahren und vor unübersichtlichen Kurven hupen! Nach Regenfällen verwandeln sich die meisten Straßen in Rutschbahnen, nach Wolkenbrüchen in Sturzbäche. Äußerste Vorsicht ist dann angebracht. Beim Linksabbiegen von Landstraßen verlässt man sich nicht nur auf den Blinker, sondern benutzt an Gefahrenstellen zusätzlich seinen linken Arm wie einen Winker. Im Stadtverkehr stellen Mopeds und Motorräder die größte Gefahr dar, weil sie links und rechts überholen und sich nicht an Einbahnstraßenregelungen halten.

Tankstellen sind von etwa 7–22 Uhr geöffnet, in der Regel auch an Sonntagen. Benzin heißt *venzíni*, bleifrei *amólivdi*, Diesel *petrélio*. Die Preise für Treibstoffe sind etwa 10–20 % höher als in Deutschland.

Verkehrsregeln
Zulässige Höchstgeschwindigkeit innerorts 50 km/h, auf Landstraßen 90 km/h (Motorräder nur 80 km/h). Auf dem Festland gilt für Schnellstraßen 100 km/h, für Autobahnen 120 oder 130 km/h. Promillegrenze 0,5 (Motorrad 0,2), Anschnallpflicht auf den Vordersitzen. Helmpflicht für motorisierte Zweiräder. Die Bußgelder sind drastisch, mehr als 0,6 Promille führen zu einer Anklage beim Schnellrichter, was über 700 € Strafe bedeutet.

O-Ton Korfu

kalí méra

Einen guten Tag wünscht man bis zum Mittagsschlaf, …

kalí spéra

KALÍ NÍCHTA

… dann vom Mittagsschlaf bis spät in die Nacht hinein

jássu/jássas

… nur dann, wenn man wirklich wieder das Bett anstrebt

›Hallo‹ und ›tschüss‹ im Singular/Plural

cherete

ENDÁKSI

schöner ländlicher Gruß, diese Aufforderung: ›Freut euch!‹

KALÓ TAKSÍDI

ist keine Taxibestellung, sondern ein ›Okay‹

wünscht man statt ›Gute Reise‹

parakaló

efcharistó

heißt ›bitte‹ und ist stark im Gebrauch

heißt ›danke‹ und wird oft überschwenglich verwendet

nee

óchi

ist vor allem für Berliner eine Falle. Hier heißt es nämlich ›ja‹

hört man weniger gern: ein klares ›Nein‹

Register

A
Abramowitsch, Roman 52, 120
Acharávi 60
Achill 51
Achíllion 50
Adam, Sir Frederick 26
Afiónas 72
Agía Ekateríni 66
Ágios Geórgios Argirádon 100, 110
Ágios Geórgios Págon 73, 77, 110
Ágios Górdis 90
Ágios Ioánnis 111
Ágios Nikólaos 99
Ágios Spirídonos 24
Ágios Stéfanos 57
Ágios Stéfanos Avilóton 71
Agní 110
Albanien 7, 8, 44
Alikés 104
Alkinoos, Phäakenkönig 87
Análipsi, Halbinsel 23
Angelókastro 78
Ankunft 108
Anó Korakiána 4, 67
Apartments 111
Aquarium 76
Argirádes 100
Aríllas 73, 74
Arkoudíla 111
Arkoudíla Beach 103

B
Baden 110
Barbáti 110
Bardéz, Roberto 72
Batería Beach 57
Battenberg, Alice von 26
Behindertengerecht Reisen 109
Benítses 48
Biking 110
Bilderstreit 30
Black Pudding 61
Bond, James 9, 77
Boúka Beach 102
Boúkari 94
Bourdétto 11
Brauerei 11, 74
Butrint 46

C
Canal d'Amour 4, 70
Chlomós 98
Chórta 11
Corfu Mountainbike Shop 53
Corfu Trail 111

D
Dafníla 49
Dassía 52, 110
Deutsche Botschaft 109
Doukádes 79
Durrell, Gerald 21, 57, 120
Durrell, Lawrence 57

E
Einreisebestimmungen 108
Elisabeth von Österreich 50
Epískepsi 67
Eríkoussa 7, 68, 74
Érmones 87
Etrusco, Restaurant 53

F
Ferienhäuser 112
Fernbusse 113
Fischtavernen 94
FKK 74, 85
Flamingos 104
Flughafen 9, 108
Flughafenbusse 108
Fundána 111

G
Gaíos (Páxos) 106
Gesundheit 108
Glifáda Beach 84
Golf 110
Golfclub 87
Gouviá 49
Griechische Zentrale für Fremdenverkehr (EOT) 109

H
Homer 87
Honig (Einkaufen) 80
Hoxha, Enver 44

I
Ikonen 30
Ikonoklasmus 30
Imkerei Hamburg (Einkaufen) 80
Ipapánti-Kirche 49

K
›Kaizer's Throne‹ 84
Kalami 57
Kanakádes 80
Kanóni 28
Kanoúli Beach 92
Kap Agía Ekateríni 111
Kap Drástis 4, 71
Kapodistrias, Graf Ioánnis 120
Karneval 43
Kassiópi 56
Katoulla Beach 102
Kávos 103
Kellerei Livadhiótis 92
Kérkira 4, 6, 15, 16
– Ágii Iasónos und Sossípatros 28
– Ágios Spirídonos 17, 24
– Albatros (Einkaufen) 39
– Alte Festung 16
– Alter Hafen 22
– Alter Palast 21, 29
– Altstadt 4
– Archäologisches Museum 29
– Banknoten-Museum 17
– Boschetto 21
– By Tom (Einkaufen) 4, 38
– Byzantinisches Museum 30, 34
– Café Europa 17, 20
– Cambiéllo-Viertel 23
– Casa Parlante 17, 34
– Cavalieri Roof Garden 40
– Doric Temple 27

Register

- Énosis-Denkmal 16
- Esplanade 16, 20
- Faliráki 22
- Garítsa 23, 28
- Hallenkirche 23
- Heraeum 27
- Holocaust-Denkmal 17, 22
- Ikonenmuseum 23
- Kulturcafé Plous 38
- Kutschfahrten 42
- Maitland-Rotonda 16
- Mon Repos 23, 26
- Museum der Asiatischen Kunst 29
- Neues Fort 17
- Panagía Antivouniótissa 23
- Patisserie Susi (Einkaufen) 39
- Scuola Greca 22
- Seifenfabrik Patoúnis 22
- Vassilákis & Sons (Einkaufen) 38
- Vídos-Anleger 23
- Wochenmarkt 22, 40

Kiten 101, 110
Klima 109
Komméno-Halbinsel 49
Kontogiálos Beach 84
Kontokali 48
Korfu-Krimis 72
Korission-See 92
Kouloúra 57
Koum Kouat 38, 67
Kreditkarten sperren 109
Küstenschifffahrt 113

L

Lafkí 67
Lákka (Páxos) 107
Lákones 79
Landhotels 111
Leandros, Vicky 9, 120
Leather Workshop Níkos (Einkaufen) 81
Leder (Einkaufen) 81
Lefkími 101
Lesseps, Baron Mathieu de 20

Levant, Hotel 84, 85
Liapádes 79
Linienbusse 113
Longós (Páxos) 106

M

Magaziá (Páxos) 107
Makrádes 78
Marathiás Beach 102
Marina von Gouviá 48, 110
Mathráki 74
Mäuseinsel 28
Medusa 29, 120
Merchant's House, B&B 65
Messongí 93
Mezedákia 10
Mietfahrzeuge 113
Mirtiótissa Beach 84
Mon Repos 26
Mopeds 113
Moraïtika 93
Motorboote 110
Mountainbikes 53, 101, 110
Mücken 93

N

Nausikaa, Phäakenprinzessin 87
Nímfes 67
Nissáki 57
Notfälle 109
Nótos Beach 99
Notrufnummern 109

O

Odyssee 87
Odysseus 87, 120
Oliven 6, 90, 96
Olivenöl 96
Ölmühle Mavroúdis 95, 97
Ostern 43
Österreichische Botschaft 109
Othoní 74

P

Pági 77
Paleokastrítsa 74
Paléo Períthia 64

Panagía Mirtiótissa, Kloster 85
Panagía Theotókos, Kloster 75
Panoramastraßen 67, 91
Pantokrátoras 9, 55, 67
Pantokrátoras Chamiloú, Kloster 70
Paramónas 92
Paréa 10
Pastisáda 11
Páxos 7, 106
Pélekas 84, 111
Pélekas Country Club, Hotel 111
Pentáti 90, 91
Peroulades 70, 111
Petália 67
Petrití 99
Philip, Prinz, Duke of Edinburgh 26, 120
Pontikoníssi 28
Porto Timioni 73
Prasoúdi Beach 92

R

Reisen mit Handicap 109
Reisezeit 109
Róda 60
Roúla, Fischtaverne 49
Roumanádes 99

S

Salinen 104
San Giorgio, Hotel 101
Sarande 44
Savvas Beach 99
Schmuckgalerie Ilios 77
Schneider, Romy 120
Schulenburg, Matthias Johann Graf von der 25
Schweizer Botschaft 109
Segeln 110
Serben 23
Sgourádes 67
Sicherheit 109
Sidári 4, 67
Sinarádes 87
Sisi (Sissi) 50, 85, 120
Skywalk 71
Sofríto 11

Register

Sokráki 4, 67
Spirídonos Beach 66
Sport 110
Sportreisen 101
Stadtbusse 113
Stand-Up-Paddling 101
Stavroménos, Kirche 67
Strandhotels 111
Strinílas 67
Studios 111
Sunset Point 84
Surfen 101, 110

T
Tankstellen 113
Tauchen 110
Taverne Alonáki 92
Taverne Bióporos 95
Taverne Ta 2 Astéria 74
Taxis 108, 113
›The White House‹ 57
To Chelidóni 78
Toiletten 111
Trinkgeld 11
Troumbétta-Pass 67
Tsigarélli 11
Tzizimbíra 11, 67

U
Übernachten 111
Umgangsformen 112

V
Vátos 84
Venezianer 6, 49, 57, 78, 96, 104, 106
Verkehrsmittel 113
Verkehrsregeln 113
Verkehrsverhalten 113
Vídos 23

Villa de Loulia, Hotel 71, 111
Vístonas 78
Vlachérna 28
Volkskundliches Museum Sinarádes 88
Vraganiótika 96

W
Wanderkarte 111
Wandern 110
Wilhelm II., deutscher Kaiser 50, 84, 120

Y
Yoga 62

Z
Zollbestimmungen 108
Zwergorangen 67

Das Klima im Blick
Reisen bereichert und verbindet Menschen und Kulturen. Wer reist, erzeugt auch CO_2. Der Flugverkehr trägt mit bis zu 10 % zur globalen Erwärmung bei. Wer das Klima schützen will, sollte sich – wenn möglich – für eine schonendere Reiseform entscheiden oder die Projekte von atmosfair unterstützen. Flugpassagiere spenden einen kilometerabhängigen Beitrag für die von ihnen verursachten Emissionen und finanzieren damit Projekte in Entwicklungsländern, die dort den Ausstoß von Klimagasen verringern helfen (www.atmosfair.de). Auch die Mitarbeiter des DuMont Reiseverlags fliegen mit atmosfair!

Abbildungsnachweis | Impressum

Abbildungsnachweis
akg-images, Berlin: S. 120/1 (Lessing); 120/8
Klaus Bötig, Bremen: S. 32, 78
Fotolia, New York (USA): S. 26 (Iliopoulos); 68 (jon_chica); 4 o. (Konsta); 4 u. (Schneider); 17 (Stan); 51 (Vucicevic)
Getty, München: Umschlagklappe hinten (Hulton Archive); S. 89 (Hulton Deutsch); 41 (Levit Photography); 93 (Picasa/Sellies); 120/5 (Samir); 98 (Sleczek); 120/6 (Svetlov)
Glow, München: S. 58, 66
Petra Huber, Avliotes (Griechenland): S. 7, 8/9, 82/83
Huber-Images, Garmisch-Partenkirchen: S. 35 (Schmid)
iStock.com, Calgary (Kanada): S. 36 (Boncina); 53 (Gosiek-B); 49 (Laptev); 87 (titoandrade); 28 (van den Bergh)
laif, Köln: S. 120/9 (Celentano); 75 (IML/Kouri); Umschlagklappe vorn, 22, 42, 48 (Polaris/Kouri); Titelbild, Faltplan (robertharding/Farrin); 14/15 (robertharding/Tomlinson)
Look, München: S. 76 (Wohner)
Mauritius Images, Mittenwald: S. 63 (age fotostock/Farrelly); 64, 71, 105 (Alamy); 25 (Alamy/Balfour Evans); 80 (Alamy/Barnes); 91 (Alamy/Dack Archive); 85 (Alamy/Davis Photography); 29 (Alamy/Dobner); 47 (Alamy/Eastland); 44 (Alamy/Hamilton Photographic); 99 (Alamy/Hoffmann); 90 (Alamy/Husband); 94 (Alamy/Karits); 56 (Alamy/Kotowski); 11 (Alamy/Outram); 61 (Alamy/Young); 103 (Cultura); 54/55 (imagebroker/Eisele-Hein); 120/4 (JT); 31 (robertharding/Farrin); 120/2 (Screen Prod); 86 (SuperStock/Sawyer PCL); 97 (Westend61/Rovirosa)
picture-alliance, Frankfurt a. M.: S. 120/7 (dpa/Photoshot); 120/3 (Eventpress); 102 (Okapia/Kraus)
Schapowalow, Hamburg: S. 20 (SIME/Huber)
Visum, Hannover: S. 100 (DeBeeldunie/Meyst)
Zeichnung S. 3: Gerald Konopik, Fürstenfeldbruck
Zeichnung S. 5: Antonia Selzer, Lörrach

Kartografie
DuMont Reisekartografie, Fürstenfeldbruck
© DuMont Reiseverlag, Ostfildern

Umschlagfotos
Titelbild: Kloster Vlachérna, Halbinsel Kanóni
Umschlagklappe hinten: Kérkira, Stadt und Hafen

Hinweis: Autor und Verlag haben alle Informationen mit größtmöglicher Sorgfalt geprüft. Gleichwohl sind Fehler nicht vollständig auszuschließen. Alle Angaben erfolgen ohne Gewähr. Bitte schreiben Sie uns! Über Ihre Rückmeldung zum Buch und Verbesserungsvorschläge freuen sich Autor und Verlag:
DuMont Reiseverlag, Postfach 3151, 73751 Ostfildern,
info@dumontreise.de, www.dumontreise.de

2., aktualisierte Auflage 2019
© DuMont Reiseverlag, Ostfildern
Alle Rechte vorbehalten
Autor: Klaus Bötig
Redaktion/Lektorat: Simone Nörling, Sebastian Schaffmeister
Bildredaktion: Stefan L. Scholtz
Grafisches Konzept: Eggers+Diaper, Potsdam
Printed in China

Kennen Sie die?

9 große Namen auf Korfu

Medusa
Ihre Fratze zierte den bedeutendsten Tempel der Insel und erschreckt heute noch mit züngelnden Schlangen im Haar alle Besucher des Archäologischen Museums auf Korfu.

Romy Schneider
Ob man will oder nicht: Ihre ›Sissi‹ hat man im Kopf, wenn man auf der Terrasse des Achilleion steht. Oft genug und immer noch wird die dreiteilige Edelschnulze im Fernsehen wiederholt.

Vicky Leandros
Die ›norddeutsche Korfiotin‹, geboren in Paleokastrítsa, heißt seit 1986 mit bürgerlichem Namen Freifrau von Ruffin. Über 55 Mio. Tonträger mit ihren Liedern wanderten über die Theke.

Kaiser Wilhelm II.
Der letzte deutsche Kaiser war von 1907–1913 der erste deutsche Ferienhausbesitzer auf Korfu. Im roten Benz kurvte er alljährlich zur Osterzeit über die Insel. Als die Fratze der Medusa gefunden wurde, war er live dabei.

Prinz Philip
Der Gemahl der britischen Queen wurde als griechischer Prinz auf Korfu geboren, blieb aber nicht lange. Ob er jemals Griechisch sprechen lernte, ist unbekannt. Mit Liz hat er jedenfalls niemals Syrtáki getanzt.

Roman Abramowitsch
Das Vermögen des Russen, der aus Volkseigentum so erfolgreich Privateigentum machte, wird auf 10,5 Mrd. US-Dollar geschätzt. Klar, dass da auch ein Gutshaus auf Korfu zu seinem Immobilien-Portfolio gehört. Es steht bei Dassiá.

Gerald Durrell
Jugendjahre auf Korfu hat der Brite in seiner Autobiografie ›Meine Familie und anderes Getier‹ verbraten. Gerade verfilmt, lockt das noch mehr britische Touris auf die Insel.

Graf Kapodistrias
Der korfiotische Graf wurde 1827 erster Staatspräsident des befreiten Griechenlands. Fand nicht jeder gut: Vier Jahre später fiel er einem Attentat zum Opfer.

Odysseus
Letzte Etappe Korfu. Die freundlichen Korfioten geleiteten den Held des homerischen Epos am Ende seiner zehnjährigen Irrfahrt von hier aus aufs heimatliche Ithaka.